JN233341

情報セキュリティライブラリ
Information Security Library

# 個人情報保護法への企業の実務対応

モデル規程によるマネジメントシステムの構築と運用のポイント

島田裕次

日科技連

# まえがき

　個人情報保護は，古くて新しい問題である．企業では，顧客の個人情報をデータベース化して商品の販売やサービスの提供などさまざまな企業活動で利用している．個人情報保護は，情報システム化のはじまりとともに問題になっていたが，ネットワーク化の進展と相俟って個人情報保護の重要性がよりいっそう高まることになった．

　特にインターネットや携帯電話サイトの普及によって，個人情報の収集・利用・提供・保管が多様化し，個人情報の漏えいや不適切な利用など個人情報にかかわる問題が多発している．また，企業だけではなく，電子政府や電子自治体の推進によって，住民基本台帳ネットワークや行政事務などでも幅広く個人情報が利用されるようになっており，個人情報保護に関する関心がますます高まっている．

　本書は，個人情報保護法の解説を目的としたものではなく，企業において個人情報保護をどのように進めればよいのか実務家の立場からわかりやすく説明することを目的としている．具体的には，個人情報保護に関するマネジメントについて，プライバシーリスクという視点から検討している．

　第1章では，個人情報が情報システムのなかでどのように位置づけられ，活用されているかを述べている．また，ネット社会における個人情報の侵害について，具体的な事例を取り上げて説明している．また，第2章では，2003年5月に施行された個人情報保護法について，OECD理事会勧告やEU指令にも言及しながら制定までの経緯と，法律の概要を説明している．

　第3章では，個人情報の収集から廃棄までのライフサイクルを示して，各段階における個人情報保護の考え方を解説している．第4章では，個

## まえがき

人情報を適切に取り扱うために実務上必要となるプライバシーリスク・マネジメントの進め方について説明している．具体的には，プライバシーポリシーの策定，セキュリティ対策，管理体制，教育，監査などについて述べている．

第5章および第6章では，プライバシーリスク・マネジメントを進めていくうえで必要となるプライバシーポリシー，個人情報管理規程および個人情報取扱マニュアルのモデルを例示して解説している．さらに第7章では，企業が実際に講じなければならないセキュリティ対策について，個人情報のライフサイクルの視点から整理し説明している．

第8章では，個人情報を適切に取り扱っている事業者に対して付与認定されるプライバシーマークについて，その制度の概要とメリットなどを紹介している．

このほかに，付録として個人情報保護に関する疑問について，Q＆A形式でまとめている．企業などが個人情報保護の実務対応を検討する際の参考にしていただければ幸いである．

本書の執筆に際しては，日科技連出版社の鈴木兄宏，渋谷英子の両氏から編集上の貴重なアドバイスをいただいている．この場を借りて御礼を申し上げたい．

最後に，本書が企業における個人情報保護への実務対応に微力ながら貢献できれば幸いである．また，ネット社会において，個人情報保護が適切に行われ，システムの利用者や企業にとって個人情報が有効に活用されることを祈っている．

2003年11月

島 田 裕 次

# 目 次

まえがき　iii

## 第1章　ネット社会と個人情報

### 1.1　個人情報の意義 ——————————————————— 2
    1.1.1　個人情報とは何か　*2*
    1.1.2　個人情報の分類　*3*
    1.1.3　情報システムと個人情報　*5*
    1.1.4　個人情報のビジネス価値　*9*
    1.1.5　データベースにおける個人情報　*10*

### 1.2　ネットビジネスにおける個人情報の役割 ——————— 11
    （1）　オンラインショッピング　*11*
    （2）　情報紹介　*11*
    （3）　購買支援　*12*
    （4）　無料サービス　*12*

### 1.3　個人情報ビジネス ————————————————— 13

### 1.4　個人情報侵害にかかわる問題と侵害事例 ——————— 14
    1.4.1　個人情報の収集にかかわる問題　*14*
    1.4.2　個人情報の利用にかかわる問題　*16*
    1.4.3　個人情報の処理にかかわる問題　*17*
    1.4.4　個人情報の保管にかかわる問題　*18*
    1.4.5　預託にかかわる問題　*21*
    1.4.6　第三者への提供に起因する問題　*22*
    1.4.7　廃棄にかかわる問題　*23*
    1.4.8　管理体制にかかわる問題　*24*

## 第2章　個人情報保護法の意義と概要

### 2.1　個人情報保護法の制定までの経緯 ——————————— 26

2.1.1 個人情報保護を巡る動き　*26*
2.1.2 OECDの個人情報保護原則　*27*
2.1.3 EU指令　*28*

## 2.2 個人情報保護法の概要 ─ 29
2.2.1 個人情報保護法の構成　*29*
2.2.2 総則　*30*
2.2.3 国・地方公共団体の責務および個人情報の保護に関する施策等　*31*
2.2.4 個人情報取扱事業者の義務等　*33*
2.2.5 雑則および罰則　*41*

## 2.3 ビジネスへのインパクト ─ 41
（1）ガイドラインによる規制から法律による規制への変化　*42*
（2）法的リスクの増大　*42*
（3）プライバシー志向経営（社内体制の整備）　*43*
（4）取引先および外部委託先との責任の明確化　*43*
（5）顧客対応窓口の体制整備　*44*

# 第3章　個人情報保護の考え方

## 3.1 個人情報のライフサイクルと個人情報保護 ─ 48
## 3.2 対象となる個人情報 ─ 48
（1）収集　*51*
（2）利用　*52*
（3）個人情報の第三者への提供　*53*
（4）個人情報の適正管理（預託・処理・保管・廃棄）　*55*
（5）情報主体の権利　*56*
（6）管理体制　*59*

# 第4章　プライバシーリスク・マネジメント

## 4.1 プライバシーリスク・マネジメントの概要 ─ 66
（1）プライバシーポリシー　*66*
（2）規程，マニュアルなど　*69*

　　　　　（3）　セキュリティ対策　　70
　　　　　（4）　個人情報保護監査　　71
　　　　　（5）　プライバシーリスク　　71
　　　　　（6）　倫理意識　　71

4.2　プライバシーポリシー等の策定——————————72
　　　　　（1）　プライバシーポリシー　　72
　　　　　（2）　個人情報管理規程および個人情報取扱マニュアル
　　　　　　　　の作成　　73

4.3　プライバシーリスクの分析・評価————————74
　　　　　（1）　取り扱っている個人情報の把握　　74
　　　　　（2）　保有する個人情報の整理　　76
　　　　　（3）　個人情報のアクセスポイントの把握　　77
　　　　　（4）　プライバシーリスクの分析・評価　　78

4.4　セキュリティ対策の構築————————————79
　　　　　（1）　セキュリティ対策の検討　　79
　　　　　（2）　リスクとセキュリティコストの評価　　81
　　　　　（3）　セキュリティ対策の実施　　81
　　　　　（4）　リスクテイク（リスクの受容）　　82

4.5　プライバシーリスクの管理体制——————————82

4.6　プライバシーリスクに関する教育—————————84
　　　　　（1）　教育の対象者　　84
　　　　　（2）　個人情報保護教育の内容　　84
　　　　　（3）　教育のタイミング　　85

4.7　プライバシーリスク・マネジメントの監査（個人情報
　　　保護監査）————————————————————86

4.8　マネジメント継続の重要性————————————88
　　　　　（1）　プライバシーリスクのマネジメントサイクル　　88
　　　　　（2）　マネジメント継続の重要性　　89

## 第5章　個人情報管理規程のモデル

5.1　プライバシーポリシーのモデル——————————92

5.2 個人情報管理規程の必要性——————————94
5.3 個人情報管理規程（モデル）——————————95

## 第6章　個人情報取扱マニュアルのモデル

6.1 個人情報取扱マニュアルの必要性——————————124
6.2 個人情報取扱マニュアル（モデル）——————————125

## 第7章　プライバシーリスクのセキュリティ対策

7.1 個人情報のライフサイクルからみたセキュリティ対策——————————144
　　7.1.1 個人情報の収集における対策　*144*
　　7.1.2 個人情報の利用・提供に関するリスク　*151*
　　7.1.3 個人情報の管理に関するリスク　*154*
7.2 セキュリティ対策におけるポイント——————————159
　　7.2.1 教育　*160*
　　7.2.2 監査　*161*
　　7.2.3 プライバシーリスク・マネジメントの継続　*161*

## 第8章　プライバシーマーク制度の活用

8.1 プライバシーマーク制度の概要——————————164
　　8.1.1 制度制定の経緯　*164*
　　8.1.2 プライバシーマークの付与機関および
　　　　　指定機関　*165*
　　8.1.3 プライバシーマークの特徴　*166*
　　8.1.4 プライバシーマークの付与　*166*
　　8.1.5 プライバシーマークの申請と審査　*167*
　　8.1.6 プライバシーマーク付与後の取扱い　*169*

8.2 プライバシーマークのメリットとコスト ———— 171
 8.2.1 プライバシーマークのメリット *171*
 8.2.2 プライバシーマークのコスト *172*
8.3 プライバシーマーク制度における個人情報保護監査
 ———————————————————— 174

付録1 個人情報にかかわるQ＆A *177*
 1. 全般的な事項にかかわるQ＆A *178*
 2. 個人情報の収集にかかわるQ＆A *189*
 3. 個人情報の利用にかかわるQ＆A *196*
 4. 個人情報の提供にかかわるQ＆A *199*
 5. 外部委託をしている場合の個人情報の取扱いにかかわるQ＆A *204*
 6. 個人情報の管理(教育・監査を含む)にかかわるQ＆A *208*
 7. 個人情報の廃棄にかかわるQ＆A *213*
 8. その他のQ＆A *217*

付録2 個人情報の保護に関する法律 *221*

参考文献 *237*

索引 *239*

# 第1章

# ネット社会と個人情報

　CRM などの最新の情報技術(IT)を駆使した情報システムの進展と相俟って，個人情報の利用者である企業と，個人情報の情報主体(本人のこと．個人顧客，個人取引先，個人株主，従業員など)である個人の両者において，個人情報保護に関する関心が高まっている．本章では，個人情報とは何かという基本的な事項を明らかにしたあと，インターネット社会における情報システムと個人情報の関係について説明する．また，個人情報侵害などの具体的な事例を取り上げて，個人情報保護を巡る問題点を整理する．

　　＊　CRM：customer relationship management

# 1.1 個人情報の意義

## 1.1.1 個人情報とは何か

インターネット社会の進展にともなって，個人情報は，企業はもとより個人にとっても極めて重要な情報になっている．ネット証券やネット銀行を利用する人が多くなっているし，航空機・イベントなどのチケットをインターネットで購入することも珍しくはなくなっている．こうしたインターネットを利用したビジネスでは，電子メールアドレスのほかに，氏名・住所・電話番号・クレジットカード番号といった個人情報がネットワークを通じてやり取りされている．個人情報は，ビジネスを行ううえで顧客を特定し，取引を行ううえで不可欠な情報であり，顧客もそのために自己の個人情報を企業に提供している．

企業が保有し，さまざまな用途に利用している個人情報には，図表1.1に示すように，顧客や取引先など企業外部から収集した個人情報と，社員，パート，アルバイトなどの従業員など企業内部から収集した個人情報がある．

**図表1.1** 企業が保有・利用する個人情報

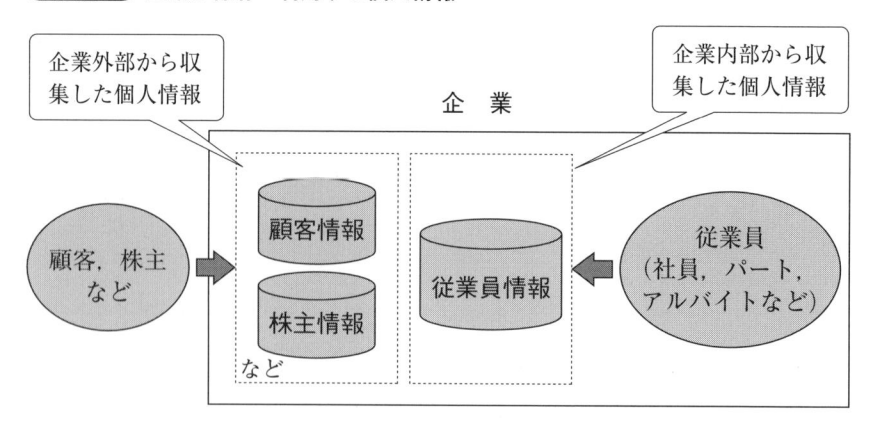

では，個人情報とは，具体的にどのように捉えられているのだろうか．氏名，住所，電話番号などのほかに顧客番号など個人情報を幅広く考えている者もいれば，氏名や住所だけを個人情報と考えている者もいるかもしれない．個人情報の範囲や定義を明らかにすることは，ビジネス活動を行ううえで非常に重要である．なぜならば，個人情報の範囲や定義を正しく捉えなければ，個人情報保護を適切に行えないからであり，誤った考え方が，ビジネス活動に重大な影響を及ぼすことになるからである．

## 1.1.2 個人情報の分類

### (1) 本人情報と本人関連情報

個人情報保護法では，個人情報を「生存する個人に関する情報であって，当該情報に含まれる氏名，生年月日その他の記述等により特定の個人を識別することができるもの（他の情報と容易に照合することができ，それにより特定の個人を識別することができることとなるものを含む．）をいう．」(第2条第1項)と定義している．個人情報は，簡単にいえば個人を特定できる情報といえよう．

**図表1.2** 個人情報の分類

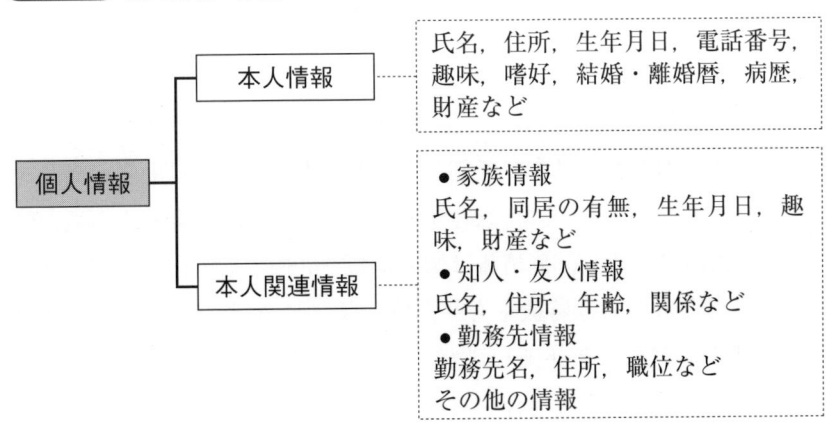

```
                  ┌─ 本人情報 ──── 氏名，住所，生年月日，電話番号，
                  │                 趣味，嗜好，結婚・離婚暦，病歴，
                  │                 財産など
   個人情報 ──────┤
                  │                ●家族情報
                  │                 氏名，同居の有無，生年月日，趣
                  │                 味，財産など
                  └─ 本人関連情報 ─●知人・友人情報
                                    氏名，住所，年齢，関係など
                                   ●勤務先情報
                                    勤務先名，住所，職位など
                                    その他の情報
```

ところで，個人情報は，具体的には図表1.2に示すように，当該本人に関する情報と，家族や友人関係など当該本人に関連する情報とに分類することができる．

① 本人情報

氏名，住所，生年月日，趣味，嗜好など，当該本人に関する情報である．

② 本人関連情報

本人自身に関する情報ではないが，本人と密接に関連する家族や知人・友人，勤務先などに関する情報である．本人関連情報は，本人情報と結びつけると，情報としての利用価値が高まる．また，家族や友人の情報については，当該本人の家族や友人自身の個人情報ということになる．

(2) 事実情報と評価情報

個人情報は，次のように事実情報と評価情報という視点からも整理することができる．営業活動などの実務では，事実情報と評価情報を組み合わせて利用することが多い．

① 事実情報

氏名，住所，生年月日，取引履歴（商品の購入履歴，支払履歴，購入先など）などの事実を表す情報である．収集者が異なっても，情報が正確ならば，結果は同じになる情報といえる．

② 評価情報

当該個人を何らかの見方で評価した情報である．例えば顧客が商品を購入する可能性が高いか，得意客かどうか，といった企業側から見た情報がこれに該当する．評価情報は個人情報を評価する者によって，情報の内容が異なるという特徴をもつ．例えば，営業担当者のA氏が商品購入の可能性が高いと評価しても，営業担当者のB氏は，商品購入の可能性が低いと評価する場合がある．このような相違は，評価者の経験

や実務能力などによって生じる．

## 1.1.3 情報システムと個人情報

　個人情報保護の問題は，情報システムと密接な関係をもっている．極論すれば，個人情報を利用しない情報システムは考えられない．例えば，顧客情報を一元管理してマーケティング活動や顧客満足度の向上に役立て収益の増大を図ろうとする CRM(customer relationship management)においては，顧客情報，つまり個人情報がベースとなっており，個人情報のない CRM は成立しない．また，"B to C"(business to consumer)型の E コマース(electronic commerce：電子商取引)では，個人顧客と企業が直接取引するので，授受される情報が個人情報になることはいうまでもない．さらに，地理情報システムの普及にともなって個人の住所情報も広く利用されるようになってきた．公的部門でも住民基本台帳ネットワークや行政事務システムにおいて個人情報の利用をベースとしている．電子政府や電子自治体が実現されると，さまざまな申請が

**図表1.3** 情報システムと個人情報

(1) CRM
(2) E コマース
(3) CTI
(4) ナレッジマネジメントシステム
(5) ERP パッケージ
(6) イントラネット，インターネット
(7) メインフレームシステム
(8) 地理情報システム
(9) 携帯電話サイト

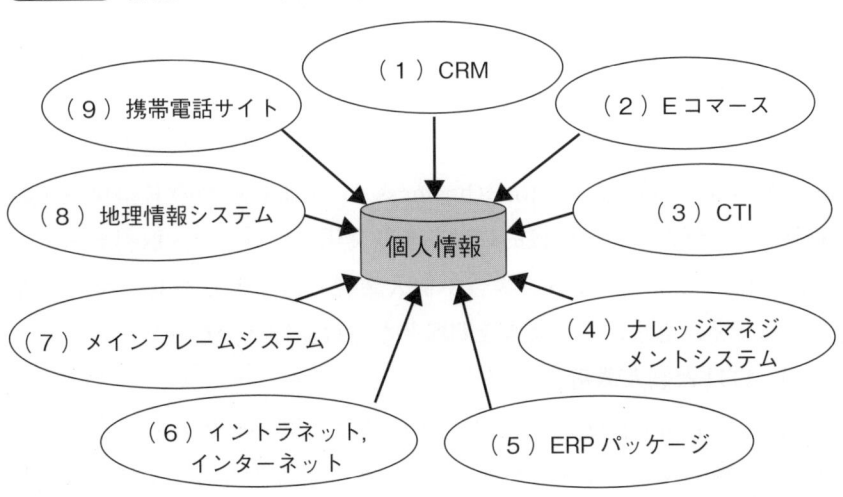

個人情報

電子化され，個人情報もネットワークを通じて利用されることになる．このように，個人情報がなければ，民間部門，公的部門の情報システムは成立しない．

　個人情報にかかわる情報システムには，図表1.3のようなものがある．

## （1）　CRMと個人情報

　CRMでは，前述のようにシステムの中心となるものが顧客情報である．個人顧客に焦点をあてたCRMでは，個人情報がシステムの中核になる．したがって，個人情報を適切に取り扱うことが不可欠になる．例えば，金融機関では，顧客情報システムを一新し，顧客（法人および個人）の取引履歴，資産内容などの情報を全社で共有化し，顧客情報データベースには，個々の顧客の取引内容，銀行への要望，顧客に提案した内容などを収録するシステムを構築する動きがある．こうしたシステム構築においては，個人情報が適切に取り扱われなければ，個人情報保護法に違反したり，顧客とのトラブルが発生したりするなど，ビジネス活動に大きな影響が生じるおそれがある．

## （2）　Eコマースと個人情報

　Eコマースは，ネットワークを利用して商取引を行うものであるが，インターネットの一般化にともなって，消費者を対象としたEコマースが拡大しつつある．B to B型のEコマースでは，個人情報の利用がビジネスの前提なので，個人情報の適切な取扱いが不可欠である．企業間のEコマースであるB to B（business to business）型のEコマースの場合には，個人情報は直接的にはあまり関係しないので，取引データのなかに個人情報が含まれる場合や個人業者を対象としたEコマースなど特別な場合を除いて，大きな問題となる可能性は少ない．

## （3）　CTIと個人情報

　CTI（computer telephony integration）は，コールセンターでコンピュータ技術と電話を組み合わせて受付・問合せなどを行うシステムであ

るが，個人顧客を対象としている場合には，注意する必要がある．CTIでは，発信者番号表示機能と顧客データベースを組み合わせて業務を支援することが少なくないが，こうした場合には，個人情報保護の問題が発生する可能性がある．また，CTI業務では，その業務の一部またはすべてを外部に委託することがある．この場合には電話オペレーターなどについて適切な外部委託管理の仕組みが不可欠になる．

### (4) ナレッジマネジメントシステムと個人情報

ナレッジマネジメントは，企業内にあるさまざまな知識の共有化を進め，効率的な知識活用や新たな知識創造を図るものである．企業が保有する知識のうち，もっとも重要なものの1つが顧客情報である．この中には，住所・氏名など顧客情報のほかに，顧客に対する営業アプローチ，顧客からのクレームへの対応方法，クレーム情報の活用など，顧客に深くかかわる情報も含まれる．個人顧客を対象としたビジネスを展開する企業では，ナレッジマネジメントシステムを導入する際に，個人情報の保護について必要な対応を行う必要がある．

### (5) ERPパッケージと個人情報

ERP(enterprise resource planning)パッケージは，生産，販売，人事，会計などさまざまな業務に必要なシステムを統合して利用できるようにしたものである．このパッケージでは，顧客管理，Eコマース，銀行との決済などの業務プロセスについても対象としている．したがって，顧客や従業員の個人情報の入力ミス，不正アクセスなどを防止するための対応が必要になる．

### (6) イントラネットおよびインターネットと個人情報

イントラネットは，企業内の情報共有などを目的とした社内システムであるが，例えば，自分の得意分野，専門知識などを社内に向けて情報公開し，それを活用していくというように使われている．このような場合には，社員自身の個人情報が社内に開示されることになるが，社員情

報だからといって，いいかげんな取扱いをしてはならない．また，公開された情報のなかに顧客の個人情報が含まれている場合もある．例えば，ある個人顧客に対して行った営業活動を成功事例として社内に公開する時に，個人名や家族構成，趣味なども併せて公開されることが考えられる．

一方，インターネットでは，社外に対して広く情報が公開されるので，そのなかに顧客や社員の個人情報が含まれることがあれば，本人の同意を得るなどの対応が必要になる．

### （7）メインフレームシステムと個人情報

従来からある情報システム（メインフレームシステム）においても，個人情報は大きな役割を占めている．顧客管理システム，販売情報システムなどがその代表である．個人情報保護の問題は，従来からあるものであり，個人情報保護の基本的な考え方については，メインフレームシステムと最新の情報システムとの間に大きな相違はない．

### （8）地理情報システムと個人情報

地理情報システムでは，住宅地図や道路地図などさまざまな地理情報を利用している．住宅地図には，家形，氏名，住所などの情報が含まれている．また，地理情報システムは，地理情報とさまざまな業務システムとを組み合わせて利用されることが少なくない．例えば，顧客データベースと地図情報を組み合わせて，どの地域に顧客が多いか，どの地域の顧客はどのような商品を購入しているかなどを分析することができる．

### （9）携帯電話サイトと個人情報

携帯電話サイトの利用者は，広く社会に行き渡っている．このサービスでは，電子メールのほかに，金融サービス，チケット購入などさまざまなサービスを利用できる．企業では，こうしたサービスを提供する場合，電子メールアドレス，住所，氏名，携帯電話番号などの個人情報を収集し，利用することになる．

## 1.1.4 個人情報のビジネス価値

　個人情報が利用される理由は，個人情報が多様な価値をもつからである（図表1.4参照）．例えば，企業が商品を配達し保守サービスを行うといったサービスを提供するために必要な情報としての価値，代金を回収するための決済手段としての価値，市場分析を行い企業戦略に生かすためのマーケティング手段としての価値，DM発送（電子メールを含む）など企業が広告宣伝を行う際の対象としての価値，顧客の購入履歴・嗜好・家族構成など営業活動を行うための価値が考えられる．

　個人情報は，このようにビジネス活動を行ううえで必須の情報であるが，企業は収集した情報をすべて自由に利用できるわけではない．個人情報は，企業にとって重要な情報であるとともに，当該個人にとっても極めて重要な情報である．自宅に表札を出さない人も少なくないし，企業に自分の電話番号を収集されたくないなどの理由から発信者番号表示サービスを利用しない人もいる．

　個人情報をビジネス活動で活用するためには，個人情報保護法やガイドラインなどのルールを守らなければならない．なお，個人情報の活用方法については，CRMをはじめとするさまざまな情報システムの文献

**図表1.4** 個人情報の価値

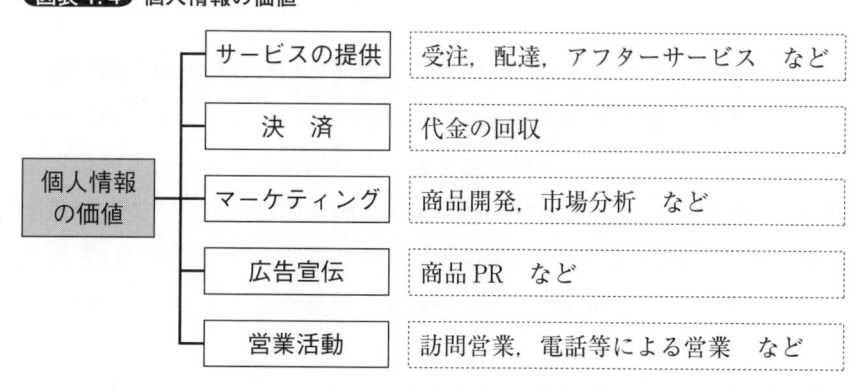

| 個人情報の価値 | | |
|---|---|---|
| | サービスの提供 | 受注，配達，アフターサービス　など |
| | 決済 | 代金の回収 |
| | マーケティング | 商品開発，市場分析　など |
| | 広告宣伝 | 商品PR　など |
| | 営業活動 | 訪問営業，電話等による営業　など |

**図表1.5** 顧客情報と他の情報の関連

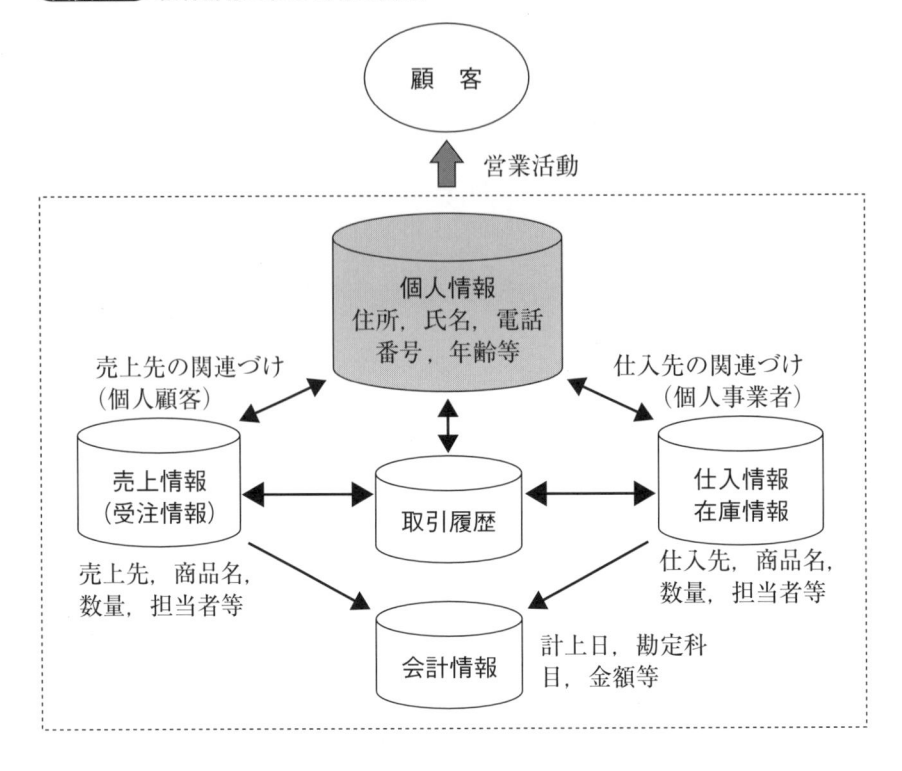

```
                    顧 客
                      ↑ 営業活動

         ┌─────────────────────────────────┐
         │           個人情報                │
         │       住所，氏名，電話            │
         │        番号，年齢等              │
    売上先の関連づけ              仕入先の関連づけ
    （個人顧客）                   （個人事業者）
         ↓                           ↓
    売上情報      ←→  取引履歴  ←→   仕入情報
   （受注情報）                      在庫情報

   売上先，商品名，                 仕入先，商品名，
   数量，担当者等                    数量，担当者等
              ↘      会計情報    ↙
                    計上日，勘定科
                    目，金額等
```

や論文で紹介されているのでここでは割愛する．

## 1.1.5 データベースにおける個人情報

　個人情報を考えるときには，情報の多層化という点にも目を向けなければならない．個人情報は，営業活動，取引，決済などの情報のほかに，物流情報システム，仕入情報システム，会計情報システムとも密接に関係する（図表1.5参照）．企業がビジネス活動を円滑に行い，企業価値を高めてゆくためには，個人情報保護にかかわるデータベースにはどのようなものがあるかを理解し，それを適切に保護することが不可欠である．

## 1.2 ネットビジネスにおける個人情報の役割

　インターネットを使ったネットビジネスでは，個人情報が特に重要な意味をもっている．まず，ネットビジネスには，どのようなビジネスモデルがあるかを紹介し，それに対応した形で個人情報がビジネスに果たす意義を考えてみる．

**（1）　オンラインショッピング**

　インターネットを通じてショッピングを行うビジネスである．書籍，パソコン・周辺機器，音楽CD，衣料，食品，飲料，ギフト，玩具などの商品を販売するビジネスや，イベントのチケットの販売，オライントレードなどがある．例えば，ある書店のオンラインショッピングを利用するためには，会員登録が必要であり，入会時に送付先住所，電話番号，電子メールアドレス，クレジットカードの番号などの情報を提供する必要がある．つまり，企業ではこれらの情報を収集しているということを意味する．オンライントレードの口座を開設する場合には，氏名，住所，性別，生年月日，電話番号，電子メールアドレス，職業などをホームページの画面から入力し，これにもとづいて，口座開設に必要な書類が郵送され，手続を行う仕組みになっている．

**（2）　情報紹介**

　顧客の購買を支援するために商品情報を提供するビジネス，商品情報の提供から販売までを行うビジネスがある．具体的には，自動車，旅行，不動産，銀行・保険，就職などの情報紹介がある．例えば，Webサイトで新車の見積依頼を行うと，希望メーカーおよび車種，車庫証明の取得方法，支払方法（ローン，現金），具体的な希望（予算，使用目的など自由記入方式），氏名，購入希望時期，電子メールアドレス，電話番号，住所などの情報を入力する必要がある．また，就職に関するWebサイトでは，申込みフォームに住所，氏名，自宅の電話番号，携帯電話番号，

電子メールアドレス，最終学歴，生年月日，年齢，性別，経験業種，経験職種，職務経験詳細，経験社数，現職・離職，希望業種，希望職種，希望勤務地，現行年収，希望年収，ITキャリア，外国語(TOEICの点数など)，その他の資格などを入力して登録する仕組みになっている．

### (3) 購買支援

オークション，共同購入，価格比較などのサービスを行うビジネスがある．例えば，Webサイトのオークション，共同購入，フリーマーケットに参加するためには，会員登録が必要であり，電子メールアドレス，氏名，連絡先(自宅，勤務先など)，住所，電話番号，誕生日，性別などを登録する．また，クレジットカード情報(カード会社，カード番号，有効期限，カード名義人)も登録する必要がある．これらの情報を登録することによって，買物のたびに住所や電話番号を入力する必要がなくなり，注文の履歴を確認できるサービスを受けられる．また，商品の買取査定を行っているWebサイトでは，個人が買取査定を依頼する際には，氏名，住所，連絡方法(電子メールアドレス，電話番号，FAX)などの個人情報を登録する必要がある．

### (4) 無料サービス

Webサイトには，検索サービス，ニュースサイト，専門サイト，コミュニティ，無料メールサービス，ストリーミング(映像・音声を受信しながら再生すること)，メールニュースといった無料のサービスを行っているものがある．これらは，主としてバナー広告，スポンサーシップなどの広告料収入などによって運営されている．例えば，あるWebサイトでは，読みたいニュースだけをピックアップしたり，投資の損益をチェックしたり，最新のホームページ情報を見逃さないようにするために，自分専用のページをつくるサービスを提供している．登録に際しては，電子メールアドレス，生年月日，性別，職種，興味や関心のあるジャンル(テクノロジー，エンターテイメント，ビジネス，投資，スポ

ーツなど)などを入力する必要がある．また，フリーメール，掲示板，チャット，無料ホームページの開設などのサービスを受けられるWebサイトでは，氏名，性別，生年月日，住所，電話番号，電子メールアドレスなどを登録する必要がある．

　以上のように，ネットビジネスでは，ビジネスモデルの違いはあるものの，企業は，氏名，住所，電話番号，電子メールアドレスなどの個人情報を収集していることがわかる．これらの情報は，顧客が自ら入力しているが，顧客がわからないところで，収集している情報がある．例えば，クッキー(Cookie)という技術は，Webサーバがユーザーを識別するための文字列情報であるが，これを利用することによってユーザーを管理することができる．この他に，Web上での顧客の行動を分析することによってどのような内容に興味をもっているかという情報を収集することもできる．いずれにしても，個人情報がなければ，ネットビジネスが成立しないことがわかる．また，個人情報をいかに利用するかによって，ビジネスの成否が左右されることになる．

## 1.3　個人情報ビジネス

　米国では，個人情報を商品としたビジネスが行われている．ある人に関する情報を1件いくらという形で情報を提供し，その対価を得るというビジネスである．また，オープンソース情報(公開された情報)を使うことによってかなりの情報が収集できる．試みにインターネットの検索エンジンで，自分自身の名前を入力してその結果を見てみるとよい．思わぬところに，自分の名前が出ていて驚かれるかもしれない．

　わが国でも，人探しを有料で行うサービスがある．例えば，あるWebサイトでは，高校生のデータを利用して，高校名，卒業年などを

手がかりとした検索サービスを行っている．このサイトでは，高校生，各種通信販売の利用者，高額納税者，生命保険の顧客，弁護士，公認会計士，大学卒業者名簿などさまざまな個人情報を提供するサービスを行っている（今後，個人情報保護法の施行にともなってサービスの内容が変わるかもしれない）．

## 1.4 個人情報侵害にかかわる問題と侵害事例

ネット社会では，個人情報保護に関する問題，つまり個人情報侵害の問題も多い．個人情報をめぐる問題を理解するためには，個人情報のライフサイクルの視点から，考えるとよい．個人情報は，図表1.6に示すようなライフサイクルで取り扱われる．

個人情報のライフサイクルから見ると個人情報の侵害事例は，次のように整理できる．

### 1.4.1 個人情報の収集にかかわる問題

個人情報の収集にかかわる問題は，次の3つに整理できる．

#### （1） 収集目的の非明確化に起因する問題

収集目的を明確にしないで個人情報を収集し，個人情報を侵害するケースである．例えば，ホームページで収集目的を明確にしないで個人情報を収集したり，プライバシーポリシーを表示しないで収集したりするケースである．

#### （2） 収集方法に起因する問題

次のような収集方法をとって，顧客等とトラブルになるケースが考えられる．

1) 不正な手段で個人情報を収集する

アンケート調査と偽って個人情報を収集し，それを販売目的や第

## 1.4 個人情報侵害にかかわる問題と侵害事例

**図表1.6** 個人情報のライフサイクル

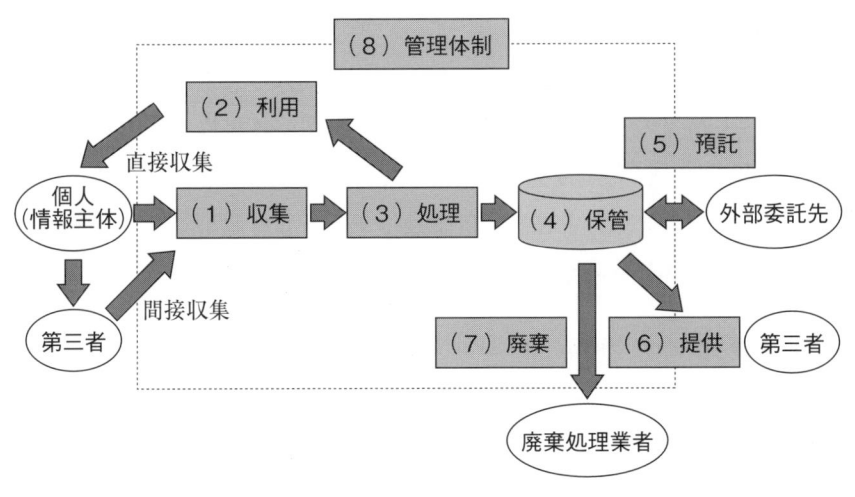

```
                    (8) 管理体制
                    
         (2) 利用                    (5) 預託
   直接収集     ↑              
  個人   →  (1) 収集 → (3) 処理 → (4) 保管 ←→ 外部委託先
(情報主体)                              
   ↓        間接収集        (7) 廃棄  (6) 提供  第三者
  第三者  →                    ↓
                          廃棄処理業者
```

注) ▓ 個人情報侵害の発生する部分．

三者に提供する．

2) 本人以外の人から情報を収集する

家族や知人から，本人の同意を得ないで個人情報を収集する．例えば，「友人紹介キャンペーン」で，本人の同意を得ないで個人情報を収集する．

---
事例：不正な個人情報の収集

社会保険庁の職員を装って，保険加入者の個人情報を収集する事件が発生した．保険料を返還するなどと偽りの理由を言って，住所，携帯電話の番号，口座番号などを聞き出した．同庁には，2002年度で3,986件の相談や苦情が寄せられた．

---

### (3) 情報の内容に起因する問題(氏名，住所などの間違いなど)

収集した個人情報の内容が誤っていたために，当該個人とトラブルになるケースがある．

## 1.4.2 個人情報の利用にかかわる問題

　個人情報の利用は，図表1.7に示すように整理できる．個人情報の侵害は，個人情報の収集目的の範囲を超えて利用する場合に発生する．

　具体的には，収集目的以外に利用して，問題になるケースが考えられる．例えば，アンケート目的だけで使用するとして収集した個人情報を利用してダイレクトメールや電子メールを送るケースがある．また，顧

**図表1.7** 個人情報の利用パターン

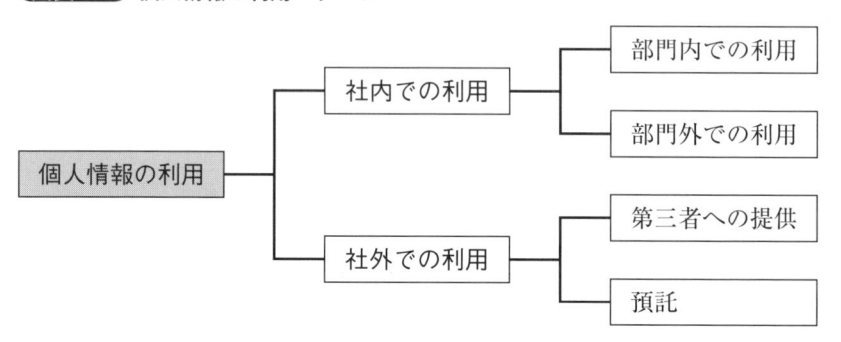

```
                    ┌─ 社内での利用 ─┬─ 部門内での利用
個人情報の利用 ─┤                　└─ 部門外での利用
                    └─ 社外での利用 ─┬─ 第三者への提供
                                         └─ 預託
```

**図表1.8** 目的外利用の制限

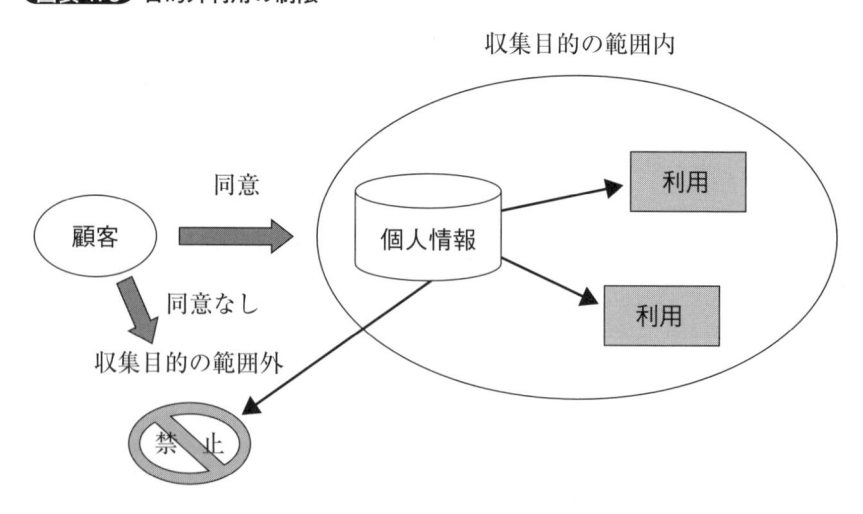

客が要望しない商品のセールスメールを送付し続けて，トラブルになることがある．個人情報保護法では，このような目的外の利用は制限されている（図表1.8参照）．

> **参考：MPS制度**
>
> 電子メールなどによるイベント案内などを行う際に，電子メールに「不要な場合には連絡ください」との文面を表示していることがある．これは，MPS（mail preference service）制度といわれるものであり，郵便によるDMの時代からあった仕組みである．

## 1.4.3 個人情報の処理にかかわる問題

### （1） 誤った情報開示

本人以外の者に個人情報を誤って開示してしまうケースがある．例えば，送付先を間違えて個人情報を記載した文書などを電子メールや郵便で本人以外の者に送付し，誤って開示してしまったケースがある．

> **事例：請求書内容のミス**
>
> クレジット会社が顧客約1万3千人に他人の利用明細を記載した請求書を送付してしまった．印刷ミスにチェック漏れが重なったことが原因とみられており，1,000件を超す苦情や抗議があった．請求書の宛名とは別の顧客の氏名と請求額が請求明細部分に記載されていた．同社の社長が記者会見を行い，謝罪するとともに，チェック体制の強化と再発防止について説明することになった．

### （2） プログラムミス・入力ミス

プログラムミスや操作ミスなどによって，データの更新処理を誤り個人情報の内容が不正確になる場合がある．

> **事例：プログラムミスによる過払い**
>
> プログラムミスが原因で厚生年金保険の支給額を過払いした事例がある．総額で約24億円，7,200人に返還を請求する事件になった．年金給付システムのプログラムを変更する際に，変更ミスを行ったものである．

### （3） 本人の同意を得ない開示

Webサイトで，本人の同意を得ないで個人情報を開示して，問題になるケースがある．例えば，自社製品やサービスに関する利用者の声をWebサイトで公開する場合に，本人の同意を得ずに，顧客の氏名，住所，写真などの個人情報を紹介してしまうおそれがある．

> **事例：ホームページでの実名などの公表**
>
> 子供に対する学校の対応について，子供の親がホームページ上で写真や実名を公表した事件がある．この事件では，自分の子供がいじめに遭い，学校側の対応に不満をもった親がホームページ上に，学校でのいじめを指摘し，いじめに関する事実の経過や学校側の報告，学校と親との間のやりとりを紹介したものである．子供の写真や実名を公表したことについては，市教育委員会も困惑したという事例である．このホームページには，約4万件のアクセスがあった．

## 1.4.4 個人情報の保管にかかわる問題

個人情報の保管が適切に行われていないために，トラブルになるケースが考えられる．

### （1） 不正アクセスに起因する問題（システムへの不正アクセスによる覗き見，情報漏えいなど）

例えば，ハッカーが顧客データベースに不正アクセスし，個人情報が

流出するようなケースがある．

> **事例：不正侵入による情報流出**
>
> 　大手プロバイダー会社のサーバがハッカーによって不正侵入されて，会員のユーザー ID とパスワードが盗まれ，ホームページに掲載された事件がある．

## （2） 情報の窃取（名簿業者等への販売，知人への情報提供など）

　自社の従業員や委託会社の従業員が顧客リスト（データ）を持ち出し，名簿業者（他企業）に販売するケースがある．

> **事例：従業員による情報漏えい**
>
> 　電話会社の従業員が，ダイヤル $Q^2$ 会社の社長らに依頼されて，数百件の電話加入者の個人情報を提供し謝礼を受け取った事例がある．同従業員は，電話加入権の譲渡や名義変更を担当し，電話加入者の住所，氏名，電話設置場所などの情報をデータベースから取り出せる立場であった．
>
> 　また，携帯電話会社の従業員4人が合計約 4,400 件の情報をダイヤル $Q^2$ 会社，興信所などからの求めに応じて提供した．断ると営業活動ができないとの理由であった．また，別の携帯電話会社でも，従業員3人が約 5,000 件の個人情報を調査会社や知人らに漏らしていた．漏らした情報は，電話番号，名前，住所，料金支払の口座などの基本情報と見られている．

> **事例：外部委託先からの情報漏えい**
>
> 　美術品販売会社が所有する顧客名簿類約 53 万人分が不正に持ち出され，東京都内や大阪市内の名簿業者に売却された事件がある．名簿には，顧客の氏名，住所，生年月日，購入時に利用した信販会

第1章　ネット社会と個人情報

> 社の記録，購入した作品の傾向などが含まれていた．美術品販売会社の社員が，情報処理の管理を委託していた会社に，顧客データをMOディスクにコピーを作成させ，それを名簿業者に売却していた．顧客から覚えのない美術品業者から郵便が届くとの苦情が相次いだために，事件が発覚した．

（3）　不適切な運用に起因する問題

　Webサイト上で顧客リストが第三者によって読める状態になっていたケースや，操作ミスによって電子メールアドレスなどを誤送信するケースがある．

> **事例：プログラムミスによる情報の漏えい**
>
> 　英国のネット銀行で，顧客からの苦情にもとづいて，調べた結果，複数の顧客が同時にアクセスすると別の顧客の内容が互いに見える欠陥があることがわかった．原因は，ソフトウェアの改良作業を行った際に発生したバグと考えられている．

> **事例：電子メールアドレスの誤送付**
>
> 　相場情報や企業の決算情報などを電子メールで無料配信するサービスを行っていたネット証券会社が，登録顧客のメールアドレスリスト（約1,400人分）を登録者の全員に送ってしまった．原因は，顧客のメールアドレスリストを更新する際の単純な操作ミスによるものであった．配信された個人情報は，メールアドレスだけであった．同社では，メールアドレスリストの管理者と情報配信担当者を分けたり，システム改善したりするなどの再発防止策を講じた．

（4）　事故・障害に起因する問題

　例えば，サーバやパソコンのハードディスクのクラッシュによって，

顧客データベースが破損するケースがある．

## 1.4.5　預託にかかわる問題

### （1）　業務委託先での問題
自社の業務委託に際して預託される情報の管理が不適切なために，個人情報が漏えい，流出，紛失するケースがある．

> **事例：代理店からの情報漏えい**
>
> 　携帯電話会社の代理店から，携帯電話利用者の顧客情報リスト146人分が流出した．同社では，個人情報の流出が判明した時から流出ルートを内部調査し，データの文字や表記，内容やデータ内部の誤りから販売代理店を特定したが，個人情報を持ち出した者の特定はできなかった．流出した情報は，氏名，住所，携帯電話番号などであった．同社では，情報管理委員会を中心に情報管理の徹底を社員に再度指示した．特に情報システムにかかわる部門の社員に対して，より強い指示を行ったという．

### （2）　システム開発の委託先での問題
アウトソース先の管理不備などによって，次のような問題が発生する．
1) Webサイトの運営を委託しているアウトソース先からの個人情報漏えい
2) ソフト開発委託先の従業員の不正アクセスによる個人情報の窃取および外部への販売
3) 外部委託先の誤操作による顧客データベースの破壊

> **事例：銀行での情報漏えい**
>
> 　大手都市銀行の顧客データが，同社のシステム開発を行っていたソフト会社社員によって，名簿業者に売却された事件がある．同行

では情報処理の関連会社にシステムの開発・運営を委託しているが，関連会社の下請け会社の従業員が犯行を行ったものである．同従業員は顧客データ管理システムの開発に携わっており，顧客データをフロッピーディスクに複写して，銀行の顧客データに関する社外秘の書類とともに名簿業者に売却した．支店名，顧客の氏名，顧客番号，生年月日，勤務先など約2万人分の情報が漏えいした．

---

**事例：人材派遣会社での情報漏えい**

大手人材派遣会社のシステム開発を担当していた外部委託会社の担当者が，ノートパソコンのハードディスクに名簿を取り込み，それをホームページの入会金の代わりにホームページを開設している個人に渡した．この名簿は，ホームページ上で3週間にわたって販売され，数十人が名簿を購入していた．流出した個人情報は，派遣会社に登録されている20代から40代の女性の氏名，住所，電話番号，生年月日，ランクであった．同社では，その後再発防止のためのシステム監査体制を整備し，定期的なモニタリングを行うようにした．

---

## 1.4.6　第三者への提供に起因する問題

本人に無断で第三者に有償または無償で提供して，問題になるケースがある．具体的には，次のようなものがある．

1) 自社の顧客情報の一部を第三者に販売し，利益を得る．
2) 第三者からの問合せに対して，顧客の住所，電話番号などを教える．

## 1.4.7 廃棄にかかわる問題

次のように個人情報の廃棄に起因する問題(廃棄方法,廃棄手順などのミスによる情報漏えい,流出など)が考えられる.

1) 廃棄業者に委託したが,運送途中に帳票を紛失し,個人情報が漏えいする.
2) パソコン上の個人情報を適切に処分しなかったために,情報が漏えいする.
3) 画面のハードコピーのプリントアウトをそのままごみ箱に捨ててしまい,情報が漏えいする.
4) 保存期間終了前に廃棄する.

---

**事例:契約書の誤廃棄**

大手消費者金融会社の支店が,事務所移転の際に誤って顧客約1,800人分の契約書を焼却処分してしまった.貸付残高は,約7億2,000万円であった.契約内容はシステムで管理されており,借り入れ申込書などで顧客の債務を証明できるので,貸付は継続して行われた.同社では,全顧客に連絡して契約書を作り直して対応した.原因は,廃棄予定のキャビネットに契約書を入れたまま処分場に運んでしまったことである.全額返済した顧客に契約書を返却しようとして事件に気づいた.

---

**事例:パソコンの不適切な廃棄**

ある自治体の職員が用地買収にかかわる地権者の個人情報を含む文書が保存されたパソコンをごみ集積所に棄てていた事件がある.個人のパソコンを業務にも使用していたものであり,パソコンを拾った人がもち帰り操作したら,データが読めたというものである.

## 1.4.8 管理体制にかかわる問題

　企業における個人情報の管理体制が不十分なことに起因する問題がある．例えば，責任者が明確でなかったり，問合せ窓口（電話番号，電子メールアドレスなどの連絡先，部署名など）がはっきりしていなかったりしたために，顧客からの問合せに適確に対応できずにトラブルとなるケースがある．また，苦情処理体制に起因する問題が考えられる．例えば，連絡先が不明確なために，顧客からの苦情となってしまうケースが考えられる．

# 第2章

## 個人情報保護法の意義と概要

　民間部門の個人情報は，長い間ガイドライン方式で保護されてきたが，個人情報保護法が制定され，法律による保護方式へと大きく変わった．本章では，個人情報保護法の制定の経緯について述べたあと，個人情報保護法の概要を説明する．個人情報保護法の制定は，ビジネス活動にも大きな影響を及ぼすことになるので，企業がどのような点に留意すべきかについても言及する．

## 2.1 個人情報保護法の制定までの経緯

### 2.1.1 個人情報保護を巡る動き

個人情報保護の考え方を理解するためには，個人情報保護に関する経緯を理解する必要がある．個人情報保護の基本的な考え方は，1980年のOECD理事会勧告(「プライバシー保護と個人データの国際流通についてのガイドラインに関する理事会勧告」：Recommendation of the Council concerning Guidelines Governing the Protection and Transborder Flows of Personal Data)をベースにしており，これを参考にして，旧通商産業省によって旧個人情報保護ガイドラインが策定された．個人情報保護の基本的な考え方は，後述するOECD理事会勧告のプライバシー保護の8原則を基礎としている．

その後，1995年のEU指令(「個人データ処理に係る個人の保護及び当該データの自由な移動に関する1995年10月24日の欧州議会及び理事会の95/46/EC指令」：Directive 95/46/EC of the European Parliament and of the Council of 24 October 1995 on the protection of individuals with regard to the processing of personal data and on the free movement of such data)を受けて，旧個人情報保護ガイドラインが改正された(『民間部門における電子計算機の処理に係る個人情報の保護に関するガイドライン』1997年3月4日通商産業省告示第98号，以下『個人情報保護ガイドライン』という)．また，JIS Q 15001(個人情報保護に関するコンプライアンス・プログラムの要求事項)が制定され，プライバシーマーク制度も創設された．さらに，これだけでは，EU指令で定められたEU諸国から第三国への個人データの移転に必要な「十分なレベルの保護(adequate level of protection)」に対応できないおそれがあったため，罰則規定のある民間部門を対象とした個人情報保護法

の制定が求められることになった.

そして 2000 年 10 月 11 日に情報通信技術(IT)戦略本部個人情報保護法制化専門委員会が「個人情報保護基本法制に関する大綱」を策定し,法案が具体的に検討されはじめた.2001 年 3 月に「個人情報保護に関する法律案」が提出されたが,2002 年 12 月に審議未了廃案となった.2003 年 3 月に「個人情報の保護に関する法律案」が再提出されて,2003 年 5 月 30 日から施行されることになった(平成 15 年法律第 57 号.法律の第 4 章から 6 章までの規定は公布後 2 年以内に施行).

一方,国や地方公共団体では,OECD 理事会勧告などを参考にしながら,1988 年に行政機関の個人情報保護法が制定され,自治体では条例が制定された.その後,住民基本台帳ネットワークの稼働に関して,個人情報保護の要請が高まったこともあって,行政機関の保有する個人情報の保護に関する法律(平成 15 年法律第 58 号)などが制定されることになった.

## 2.1.2 OECD の個人情報保護原則

1980 年 OECD 理事会勧告では,個人情報保護に関する次の 8 原則が示されている.

1) 収集制限の原則(Collection Limitation Principle)
   適法かつ公正な手段によって個人データを収集するなど,個人データの収集は制限されるべきである.
2) データ内容の原則(Data Quality Principle)
   個人データは利用目的に沿ったものであること,収集した個人データの正確性,完全性,最新性を確保しなければならない.
3) 目的明確化の原則(Purpose Specification Principle)
   個人データの収集目的を明確化し,収集目的内で利用すべきである.

4) 利用制限の原則(Use Limitation Principle)

収集した個人データは，本人の同意がある場合等を除き，明確化された目的以外の目的のために開示，利用等されるべきではない．

5) 安全保護の原則(Security Safeguards Principle)

データの紛失，不正アクセス，破壊などから合理的な安全保証措置により保護されるべきである．

6) 公開の原則(Openness Principle)

個人データに係る開発，運用，政策について，公開されなければならない．

7) 個人参加の原則(Individual Partnership Principle)

個人は，自己に関するデータの開示請求，データに対する異議申立て，消去，修正，完全化，補正する権利を意義申立てに関する権利を有する．

8) 責任の原則(Accountability Principle)

データ管理者は，これらの諸原則を実施するための責任を有する．

## 2.1.3 EU指令

次に，個人情報保護ガイドラインの改定，プライバシーマーク制度の制定などのきっかけとなった，EU指令について説明する．EU指令は，1995年10月に採択され，1998年10月から発効したものである．EU指令は，EU加盟各国に対する個人情報の流通に関する指令であるが，第25条で，EU域外の各国と個人データを流通する際の規定が定められている．つまり，EU域内と同水準の個人情報保護を行っていない国とは，個人データの流通を禁止するという規定である．ネット社会では，個人データの流通は不可欠であることから，わが国でもこれに対応することが必要になった．個人情報保護ガイドラインの改定や，プライバシーマーク制度の創設および個人情報保護法の制定などがそれである．

なお，EU 指令では，次の事項が定められている．
1) 個人情報に関する情報主体の権利の保障
2) 事業者による情報収集実施前の個人情報監督機関への通知届出義務
3) 個人情報監督機関による行政的救済権限
4) 立入検査等の行政調査権限
5) 業務改善命令等の行政処分権限
6) 司法当局への告発権限
7) 違反に対する制裁権等の導入の加盟国への義務づけ（EU 加盟国は，EU 指令に沿って国内法を改正する義務を負う）

## 2.2 個人情報保護法の概要

### 2.2.1 個人情報保護法の構成

個人情報保護法では，はじめに法律の目的や用語の定義について規定している．次に，国や地方自治体の義務等について定めた後，個人情報取扱事業者の義務，つまり企業等が個人情報保護について対応すべき事項を定めている．

企業等は，個人情報保護法の制定を受けて，どのような対応が必要になるのかについて大きな関心をもっていると思われるが，個人情報保護法への対応を考える場合には，特に個人情報取扱事業者の責務等を理解することが重要である．

本節では，個人情報保護法の概要について，条文を整理しつつポイントを説明する．なお，個人情報保護法では，「本人」という用語を用いて，「情報主体」は用いていないが，説明の便宜上「情報主体」を用いている．情報主体とは，個人顧客，個人株主，従業員などの個人のこと

**図表2.1** 個人情報保護法の構成

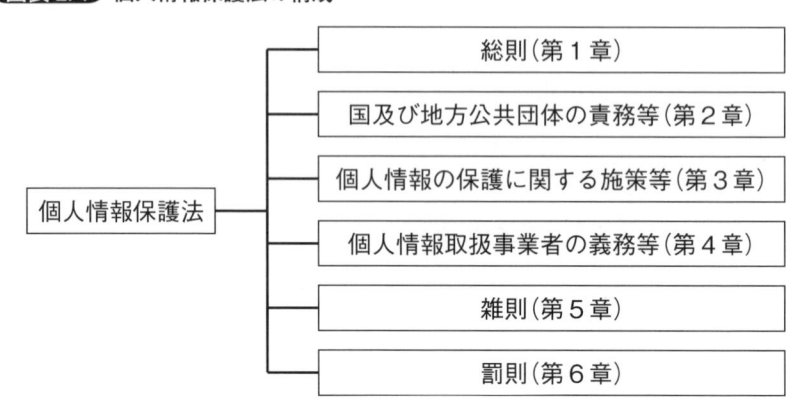

個人情報保護法
- 総則（第1章）
- 国及び地方公共団体の責務等（第2章）
- 個人情報の保護に関する施策等（第3章）
- 個人情報取扱事業者の義務等（第4章）
- 雑則（第5章）
- 罰則（第6章）

である．

個人情報保護法は，図表2.1に示すような構成になっている．

## 2.2.2 総則

### (1) 総則

法律の第1章総則では，個人情報保護法の目的，定義などを定めている．個人情報保護法は，「個人情報の有用性に配慮しつつ，個人の権利利益を保護すること」（第1条）を目的としている．そのために，「個人情報の適正な取扱いに関し，基本理念及び政府による基本方針の作成その他の個人情報の保護に関する施策の基本となる事項を定め，国及び地方公共団体の責務等を明らかにするとともに，個人情報を取り扱う事業者の遵守すべき義務等を定める」（同条）こととしている（図表2.2参照）．

### (2) 基本理念

「個人情報は，個人の人格尊重の理念の下に慎重に取り扱われるべきものであることにかんがみ，その適正な取扱いが図られなければならない．」という基本理念を第3条で定めている．

**図表2.2** 個人情報保護法の枠組み

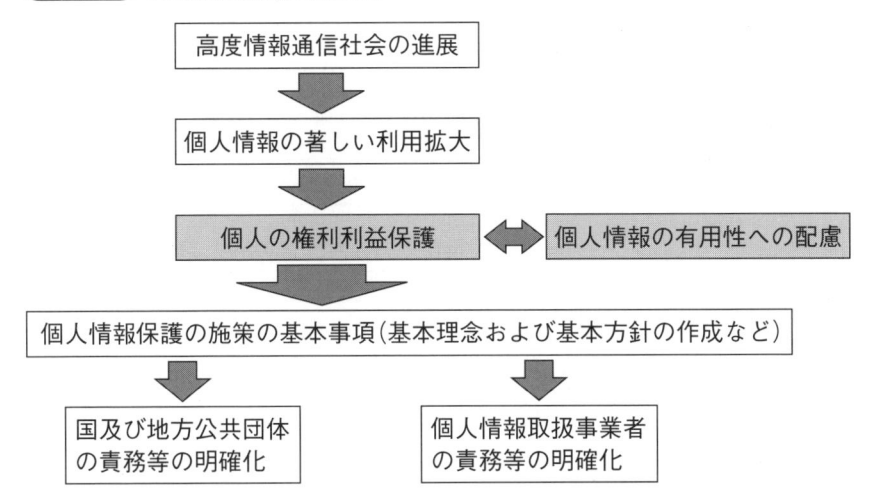

```
        高度情報通信社会の進展
                ↓
        個人情報の著しい利用拡大
                ↓
   個人の権利利益保護 ⇔ 個人情報の有用性への配慮
                ↓
   個人情報保護の施策の基本事項(基本理念および基本方針の作成など)
         ↓                    ↓
   国及び地方公共団体      個人情報取扱事業者
   の責務等の明確化       の責務等の明確化
```

## 2.2.3 国・地方公共団体の責務および個人情報の保護に関する施策等

### (1) 国および地方公共団体の責務等

法律の第2章では,個人情報の適正な取扱いを確保するための施策の策定・実施に関する国および地方公共団体の義務や法制上の措置について定めている(第4条～第6条).

### (2) 個人情報の保護に関する施策等

法律の第3章では,個人情報の保護に関する施策について定めており,構成は図表2.3に示すようになっている.

① 個人情報の保護に関する基本方針

個人情報の保護に関する総合的かつ一体的な推進を図るため,次の事項について定められている(第7条第2項).

　a．施策に関する基本的方向
　b．国が講ずべき措置

## 第2章　個人情報保護法の意義と概要

**図表2.3**　「個人情報の保護に関する施策等」の構成

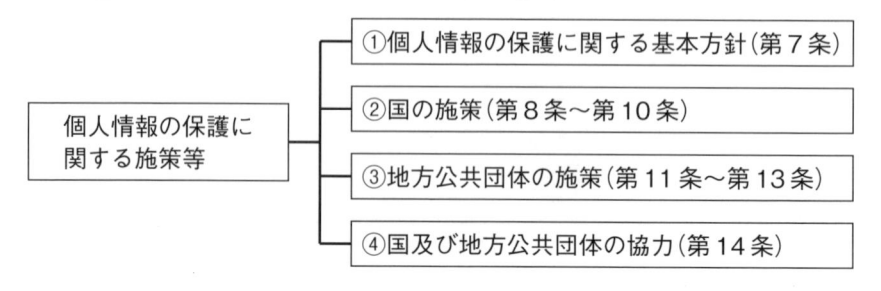

```
                        ┌─ ①個人情報の保護に関する基本方針（第7条）
個人情報の保護に        ├─ ②国の施策（第8条〜第10条）
関する施策等           ├─ ③地方公共団体の施策（第11条〜第13条）
                        └─ ④国及び地方公共団体の協力（第14条）
```

　　c．地方公共団体が講ずべき措置の基本的な事項
　　d．独立行政法人および特殊法人が講ずべき措置の基本的な事項
　　e．事業者およびその組織する団体，その他の団体が講ずべき措置の基本的な事項
　　f．個人情報の取扱いに関する苦情の円滑な処理に関する事項
　　g．その他の施策推進に関する重要事項

② 国の施策

　国が，地方公共団体，国民，事業者などの活動を支援するための措置を講ずること．また，国が行うべき，個人情報取扱事業者による苦情処理のための措置，個人情報取扱事業者の適正な取扱いを確保するための措置について定めている（第8条〜第10条）．

③ 地方公共団体の施策

　地方公共団体の保有する個人情報の保護，地方公共団体の区域内の事業者や住民に対する措置，苦情処理のあっせん等について定めている（第11条〜第13条）．この条項により，地方公共団体は，個人情報保護に関する条例等を定めなければならなくなり，条例等の制定がなされていない地方公共団体では対応が必要になる．

④ 国および地方公共団体の協力

　個人情報保護に関する施策について国と地方公共団体が協力するように定めている．

## 2.2.4 個人情報取扱事業者の義務等

企業にとって個人情報保護法で特に重要なものは，個人情報取扱事業者の義務等で定められた事項である(図表2.4参照)．

### (1) 個人情報取扱事業者の義務

個人情報取扱事業者の義務で定められている主な内容は，図表2.5のように整理できる(各条項の整理は，筆者が行なったものである)．

① 利用目的に関する事項

個人情報を取り扱うにあたって利用目的をできる限り特定し，利用目的を変更する場合には，変更前の目的と関連性をもつと合理的に認められる範囲を超えてはならないこと(第15条)，利用目的の達成に必要な範囲を超えて個人情報を取り扱ってはならないこと(第16条)などが定められている．また，事業継承による個人情報の取得の場合には，承継前の利用目的を超えて個人情報を取り扱ってはならない(第16条第2項)．

> **事例：企業買収時の個人データの取扱い**
>
> 米国のアマゾン・ドット・コム社では，同社が買収された場合に，同社が収集した個人データも売却先企業に移転される旨をプライバシー保護規約に明示した．これは，米国のネット玩具販売企業であるトイズマート・ドット・コムがデータの売却を計画した際に，同社のプライバシー規約(収集した情報を第三者と共有しないことが定められていた)に違反する行為だとして問題なったことを踏まえて，同様の問題が発生しないようにしたものである．

② 取得に関する事項

偽りや不正な手段による個人情報の取得の禁止(第17条)，個人情報の取得に際してあらかじめ利用目的を本人に通知または公表することを義務づけている(第18条)．また，利用目的を変更した場合の本人通知，

## 第2章 個人情報保護法の意義と概要

**図表2.4** 「個人情報取扱事業者の義務等」の構成

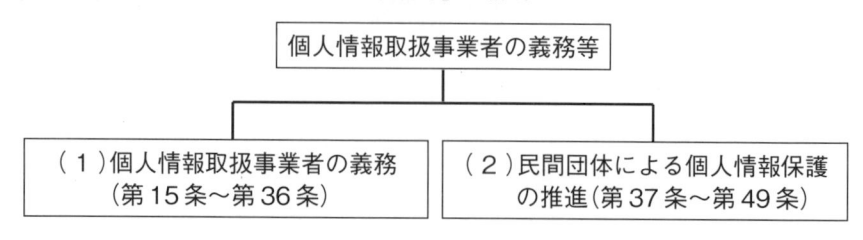

```
           個人情報取扱事業者の義務等
          ┌──────────┴──────────┐
   (1)個人情報取扱事業者の義務    (2)民間団体による個人情報保護
      (第15条～第36条)              の推進(第37条～第49条)
```

公表などについても義務づけている.

③ 安全管理に関する事項

　個人データの正確性,最新性の確保(第19条),個人データの漏えい,滅失,き損などの防止対策(第20条)を義務づけている.

④ 取扱者の監督に関する事項

　個人データを取り扱う従業者に対する監督(第21条),個人データの処理の一部または全部を外部委託する場合の委託先に対する監督(第22条)を義務づけている.

⑤ 提供に関する事項

　本人の同意を得ないで個人データを第三者へ提供することを禁止している(第23条).ただし,法令にもとづく場合,生命・身体・財産の保護に必要な場合で本人の同意を得ることが困難な場合などは除外している.また,利用目的の達成の範囲内で個人データの取扱いを委託する場合,合併など事業継承にともなって個人データが提供される場合,特定の者との間で共同利用する場合(本人通知などが必要)は,提供には該当しないとしている(第23条第4項).

⑥ 情報主体に関する事項

　a．保有する個人データの公表等

　　個人情報取扱事業者は,保有する個人データに関して,取扱事業者の氏名または名称,個人データの利用目的,開示などの手数料,適正な取扱いの確保に関して,政令で定める必要な事項などについて情報

2.2 個人情報保護法の概要

**図表2.5** 「個人情報取扱事業者の義務」の構成

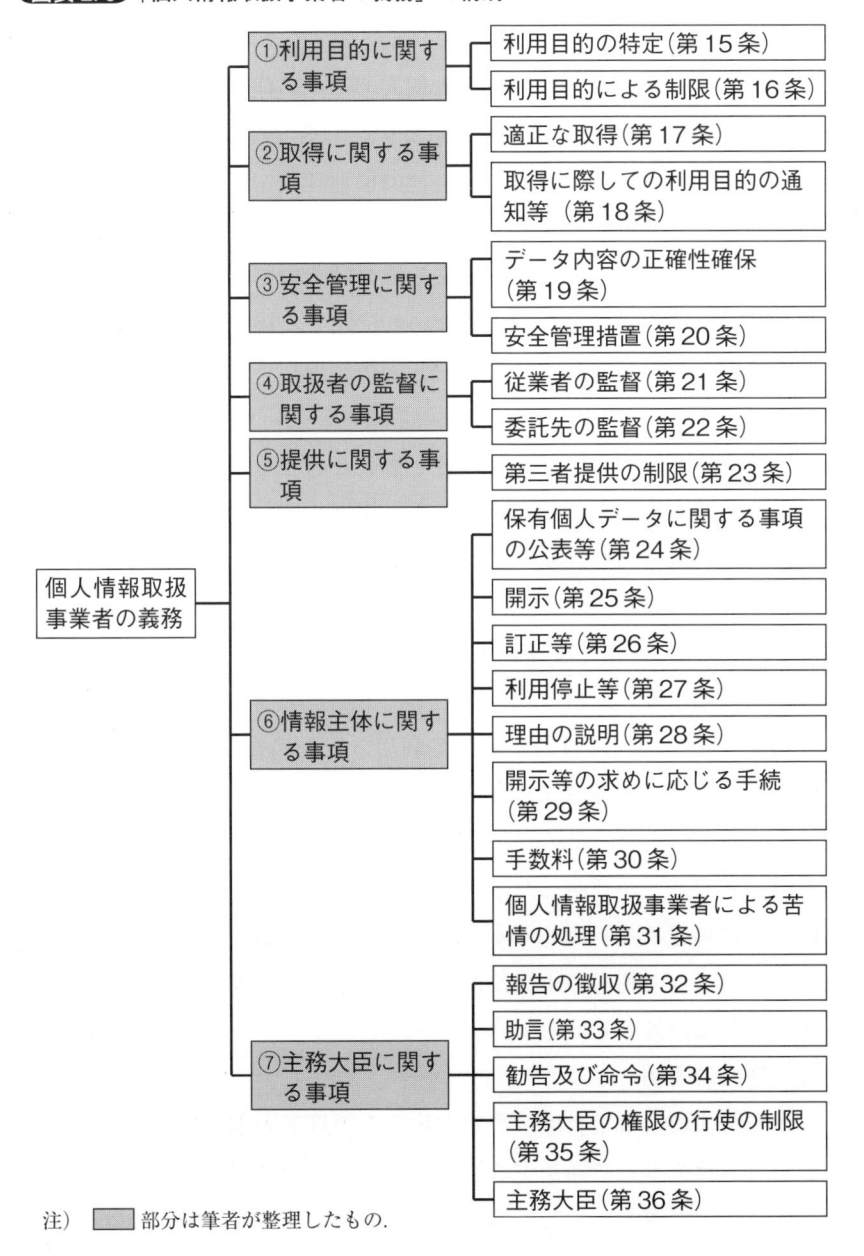

```
個人情報取扱
事業者の義務
├─ ①利用目的に関する事項
│   ├─ 利用目的の特定（第15条）
│   └─ 利用目的による制限（第16条）
├─ ②取得に関する事項
│   ├─ 適正な取得（第17条）
│   └─ 取得に際しての利用目的の通知等（第18条）
├─ ③安全管理に関する事項
│   ├─ データ内容の正確性確保（第19条）
│   └─ 安全管理措置（第20条）
├─ ④取扱者の監督に関する事項
│   ├─ 従業者の監督（第21条）
│   └─ 委託先の監督（第22条）
├─ ⑤提供に関する事項
│   └─ 第三者提供の制限（第23条）
├─ ⑥情報主体に関する事項
│   ├─ 保有個人データに関する事項の公表等（第24条）
│   ├─ 開示（第25条）
│   ├─ 訂正等（第26条）
│   ├─ 利用停止等（第27条）
│   ├─ 理由の説明（第28条）
│   ├─ 開示等の求めに応じる手続（第29条）
│   ├─ 手数料（第30条）
│   └─ 個人情報取扱事業者による苦情の処理（第31条）
└─ ⑦主務大臣に関する事項
    ├─ 報告の徴収（第32条）
    ├─ 助言（第33条）
    ├─ 勧告及び命令（第34条）
    ├─ 主務大臣の権限の行使の制限（第35条）
    └─ 主務大臣（第36条）
```

注）■部分は筆者が整理したもの．

主体が知り得る状態にしておかなければならない(第24条).

b．開　示

情報主体から自己に関する保有個人データの開示を求められた場合には遅滞なく開示しなければならない(第25条).ただし,本人または第三者の生命,身体,財産その他の権利利益を害するおそれがある場合,個人情報取扱事業者の業務の適正な実施に著しい支障を及ぼすおそれがある場合,法令に違反する場合は除いている.また,個人データの一部または全部を開示しないと決定した場合には,本人に遅滞なく通知しなければならない(第25条第2項).

c．訂　正　等

情報主体から個人データの内容が事実と異なるという理由で当該データの訂正を求められ,内容が事実と相違していることが判明した場合には,利用目的の達成に必要な範囲内で遅滞なく訂正しなければならない(第26条).また,訂正等の結果(訂正しない場合にはその理由など)を本人に通知しなければならない.

d．利用停止等

個人データが利用目的を越えて利用された場合(第16条の違反),不適正な手段により個人データを取得した場合(第17条の違反),情報主体から個人データの利用停止または消去を求められ,その求めに理由があることが判明したときには,違反を是正するために必要な範囲で利用停止等を行わなければならない(第27条).ただし,個人データの第三者の利用停止等に多額の費用を要する場合,利用停止が困難な場合は除外している.

e．理由の説明

個人情報取扱事業者は,情報主体からの以下の求めに対する措置をとらない旨を本人に通知する場合,またはその措置と異なる対応をとる場合には,本人に対してその理由を説明するように努めなければな

らない(第28条).

 ⅰ) 保有する個人データの利用目的の通知(第24条第3項)
 ⅱ) 保有する個人データの開示(第25条第2項)
 ⅲ) 個人データの訂正(第26条第2項)
 ⅳ) 利用停止を行ったときまたは行わなかったとき(第27条第3項)

f．開示等の求めに応じる手続

　個人情報取扱事業者は，情報主体からの開示等の求めを受け付ける方法を定めることができる．また，開示等の求めに関して，情報主体が容易かつ的確に開示等の請求を行えるような措置を講じなければならない．開示等の求めは，代理人が行える．開示等の求めに応じる手続は，情報主体に過重な負担を与えてはならない(第29条).

g．手　数　料

　情報主体からの利用目的の通知，開示を求められたときには，その措置にかかわる手数料を徴収することができる(第30条第1項)．手数料は，実費を勘案した合理的な金額でなければならない(同第2項)．

h．個人情報取扱事業者による苦情の処理

　個人情報取扱事業者は，個人情報の取扱いに関する苦情について適切かつ迅速に処理するように努めなければならない(第31条)．また，そのための体制整備に努めなければならない．

⑦　主務大臣に関する事項

　主務大臣は，個人情報の取扱事業者に対して，次の事項を行うことができる．ただし，表現の自由，学問の自由，信教の自由および政治活動の自由を妨げてはならない(第35条).

 ⅰ) 個人情報の取扱いに関する報告の徴収(第32条)
 ⅱ) 必要な助言(第33条)
 ⅲ) 違反行為の中止および是正措置に関する勧告および命令(第34条)

また，主務大臣は，個人情報の取扱いに関するものは厚生労働大臣，その他は個人情報報取扱事業者が行う事業を所管する大臣等とされているが，内閣総理大臣が必要と認める場合には，特定の大臣等を指定することができる（第36条）．

### （2） 民間団体による個人情報保護の推進

民間団体による個人情報保護の推進は，図表2.6に示すような仕組みになっている．業界団体等が認定個人情報保護団体になることが多いと考えられるので，業界団体等は，ここで定める事項を参照するとよい．

なお，法律で定める事項は，図表2.7に示すような構成になっている．主な内容は，次のとおりである．

① 個人情報保護団体の認定に関する事項

認定個人情報保護団体に関して，次のように定めている．

　ａ．認　定

　　個人情報の適正な取扱いの確保を目的として，個人情報保護の取扱いに関する苦情の処理，個人情報の適正な取扱い確保に寄与する事項の情報提供などの業務を行おうとする法人は，申請して主務大臣の認定を受けることができる（第37条）．

　ｂ．欠格条項

　　個人情報保護法の規定の刑の執行終了後2年を経過しないなどの条件に該当する法人は，認定を受けることができない（第38条）．

　ｃ．認定の基準

　　認定を受ける業務の実施方法が定められていること，適正かつ確実に行うための知識・能力・経理的知識を有することなどが認定の条件になっている（第39条）．

　ｄ．廃止の届出

　　認定にかかわる業務を廃止しようとするときは，政令に定めるところにより主務大臣に届け出なければならない（第40条）．

## 2.2 個人情報保護法の概要

**図表 2.6** 認定個人情報保護団体の仕組み

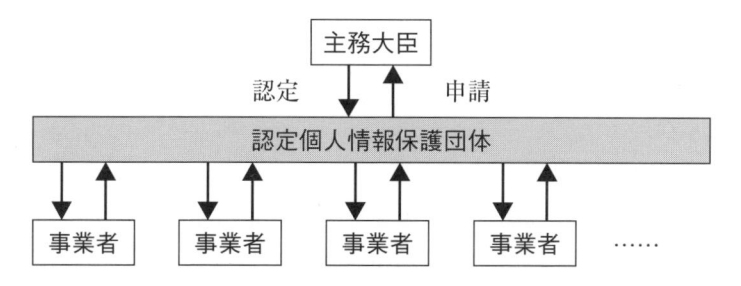

```
         主務大臣
    認定  ↓↑  申請
    認定個人情報保護団体
    ↓↑  ↓↑  ↓↑  ↓↑
   事業者 事業者 事業者 事業者  ……
```

**図表 2.7** 「民間団体による個人情報保護の推進」の構成

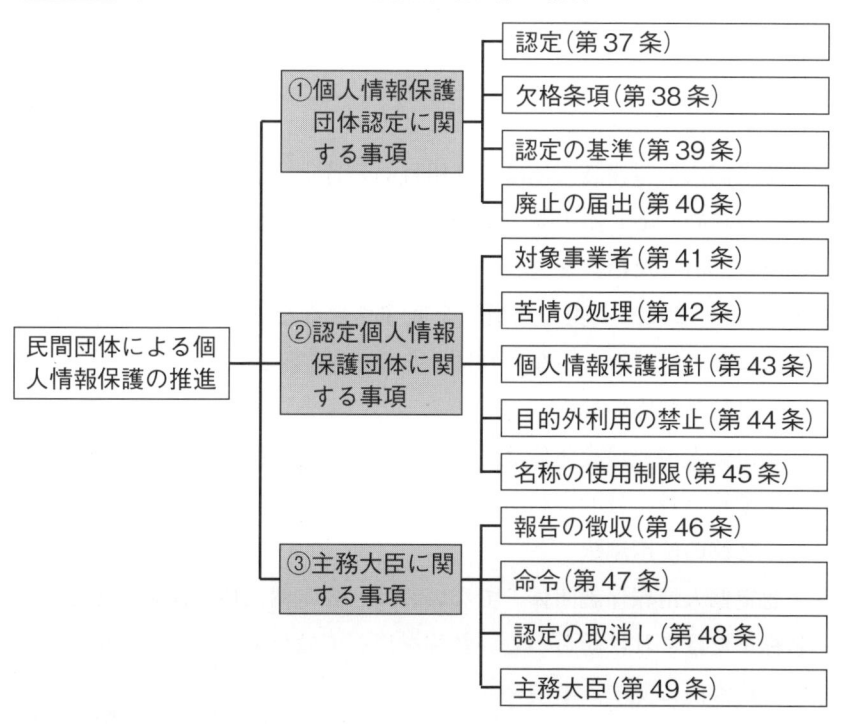

民間団体による個人情報保護の推進
- ①個人情報保護団体認定に関する事項
  - 認定(第 37 条)
  - 欠格条項(第 38 条)
  - 認定の基準(第 39 条)
  - 廃止の届出(第 40 条)
- ②認定個人情報保護団体に関する事項
  - 対象事業者(第 41 条)
  - 苦情の処理(第 42 条)
  - 個人情報保護指針(第 43 条)
  - 目的外利用の禁止(第 44 条)
  - 名称の使用制限(第 45 条)
- ③主務大臣に関する事項
  - 報告の徴収(第 46 条)
  - 命令(第 47 条)
  - 認定の取消し(第 48 条)
  - 主務大臣(第 49 条)

注) ▨ 部分は筆者が整理したもの．

② 認定個人情報保護団体に関する事項

a．対象事業者

認定個人情報保護団体は，認定個人情報保護団体を構成する個人情

報取扱事業者または認定業務の対象となることについて同意を得た個人情報取扱事業者を対象事業者としなければならない(第41条)．認定個人情報保護団体は，対象事業者の氏名または名称を公表しなければならない．

　b．苦情の処理

　認定個人情報保護団体は，本人等から対象事業者の個人情報の取扱いに関する苦情について解決の申し出があったときに，その相談に応じ，申し出人に必要な助言をして，苦情にかかわる事情を調査するとともに，対象事業者に対して苦情の内容を通知して迅速な処理を求めなければならない(第42条)．

　c．個人情報保護指針

　認定個人情報保護団体は，利用目的の特定，安全管理のための措置，本人の求めに応じる手続などの事項に関して，個人情報保護法の既定の趣旨に沿った指針を公表するように努めなければならない(第43条第1項)．また，公表した指針を遵守させるための対象事業者の指導，勧告などの措置をとらなければならない(同第2項)．

　d．目的外利用の禁止

　認定個人情報保護団体は，認定業務の実施に関して知り得た情報を認定業務以外に目的に利用してはならない(第44条)．

　e．名称の使用制限

　認定個人情報保護団体　でない者は，認定個人情報保護団体という名称またはこれに紛らわしい名称を用いてはならない(第45条)．

③　主務大臣に関する事項

　a．報告の徴収

　主務大臣は，認定個人情報保護団体に対して認定業務に関して報告させることができる(第46条)．

b．命　令

　主務大臣は，認定個人情報保護団体に対して認定業務の実施の方法改善，個人情報保護指針の変更など必要な措置をとるべき旨を命令できる（第47条）．

c．認定の取消し

　主務大臣は，認定個人情報保護団体が欠格条項（第38条第1号または第3号）に該当したり，認定の基準（第39条）に適合しなくなったりした場合などに，認定を取り消すことができる（第48条）．

d．主　務　大　臣

　主務大臣は，内閣総理大臣が特定の大臣等を指定する場合を除き，認定個人情報保護団体の設立を許可または認可した大臣等，認定個人情報保護団体の対象事業者が行う事業を所管する大臣等になる（第49条）．

## 2.2.5　雑則および罰則

### (1)　雑　則

　報道活動，著述活動，学術研究，宗教活動，政治活動の用に供する目的のために個人情報を取扱う個人情報取扱事業者の適用除外（第50条），地方公共団体が処理する事務，施行状況の公表などについて定めている．

### (2)　罰　則

　個人情報保護法に基づく命令に違反した場合などの罰則（第56条～第59条），施行期日，本人同意および通知に関する経過措置などを定めている．

## 2.3　ビジネスへのインパクト

　個人情報保護法の施行にともなって，今後の企業経営には，個人情

にかかわるコンプライアンスを重視した経営がより一層求められるようになる．具体的には，次のような改革が必要になる．

## （1） ガイドラインによる規制から法律による規制への変化

従来の民間部門における個人情報保護は，ガイドライン方式であったことから，強制力や罰則がなかった．例えば，個人情報の収集時に収集目的を通知または公表しなくても法的に罰せられることはなく，企業倫理や企業の社会的な責任などの視点から批判を受けることがほとんどであった．今後は，個人情報保護法に規定された事項に違反すると改善命令を受けたり，処罰を受けたりすることになる．したがって，企業にとっては，CRMなどの情報システムを導入し利用する場合に個人情報を不適切に取り扱うと法律違反になるおそれがあるので，個人情報保護は経営にとって極めて重要な課題となったのである．

## （2） 法的リスクの増大

個人情報保護法の制定に関しては，さまざまな議論があり政治的に大きなテーマとなった．また，マスコミ報道によって消費者の個人情報保護意識が従来にも増して高まっている．この結果，個人情報の漏えいにかかわる訴訟の増加などのリスクが増大するおそれがある．企業では，このような個人情報保護意識の高まりを踏まえて，真摯な態度で個人情報保護に努めなければならない．

> **事例：地方自治体での個人情報漏えいにかかわる訴訟**
>
> ある地方自治体では，住民情報約21万件が流出した事件に関連して，情報が流出した住民3人から訴訟を起こされた．最高裁判所の判決では，同市に対して1人当たり15,000円の損害賠償（内5,000円は訴訟費用）を支払うことを命じた．こうした個人情報保護の意識の高まりにともなって，個人情報の漏えいによって，企業が同様の訴訟を受けるリスクは高まっているといえよう．

2.3 ビジネスへのインパクト

**図表2.8** プライバシー志向経営

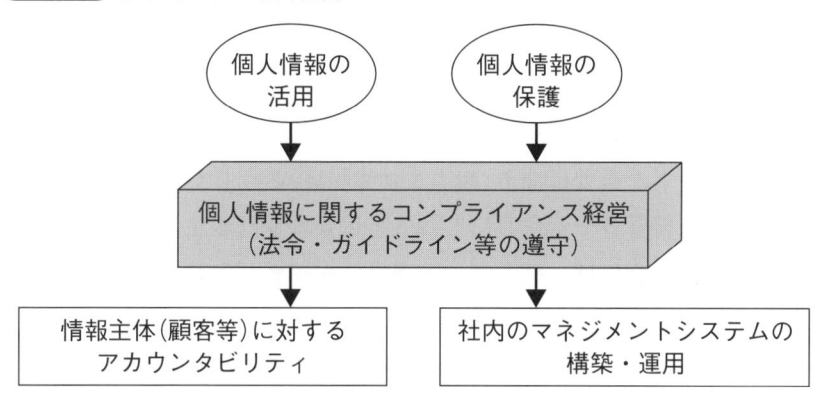

```
    個人情報の        個人情報の
     活用              保護
        ↓              ↓
    ┌──────────────────────────┐
    │ 個人情報に関するコンプライアンス経営 │
    │  （法令・ガイドライン等の遵守）      │
    └──────────────────────────┘
        ↓              ↓
  情報主体(顧客等)に対する    社内のマネジメントシステムの
  アカウンタビリティ          構築・運用
```

**図表2.9** 取引先等と個人情報保護の関係

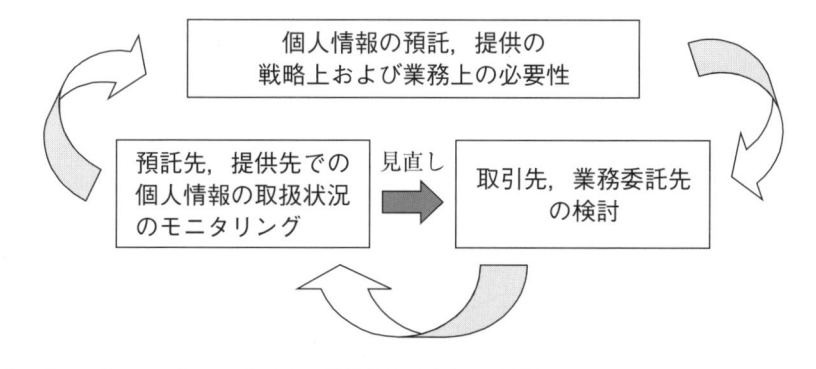

```
         個人情報の預託，提供の
         戦略上および業務上の必要性
    ↗                              ↘
  預託先，提供先での   見直し   取引先，業務委託先
  個人情報の取扱状況   →         の検討
  のモニタリング
    ↖                              ↙
```

## （3） プライバシー志向経営（社内体制の整備）

　企業等では，コンプライアンス経営が重要な課題となっている．個人情報保護を重視した"プライバシー志向経営"が不可欠になっている．"プライバシー志向経営"は，図表2.8に示すように個人情報保護の重視だけではなく，個人情報のビジネス活動への適正な活用も大きな目的となっている．

## （4） 取引先および外部委託先との責任の明確化

　個人情報保護は，自社内だけで行えば十分というわけではない．取引を行う相手の選別も重要になる．例えば，情報処理を外部委託している

第2章　個人情報保護法の意義と概要

場合には，個人情報保護を適正に行っている企業を外部委託先として選定しなければならない．また，Eコマースにおいて，個人情報を交換する取引先を選定する場合には，相手側の個人情報の取扱状況を十分にチェックするとともに，運用フェーズでは定期的にモニタリングするようなマネジメントが必要になる（図表2.9参照）．こうしたマネジメントを行うことは，経営者や管理者にとって当然要求される注意義務であり，これを怠った場合には，経営者の管理責任が問われるおそれがある．

### （5）　顧客対応窓口の体制整備

個人情報の開示請求，訂正，利用・提供の拒否に関して，情報主体である顧客からの請求に対応できる体制を整備する必要がある．こうした

**図表2.10**　顧客等への対応（例）

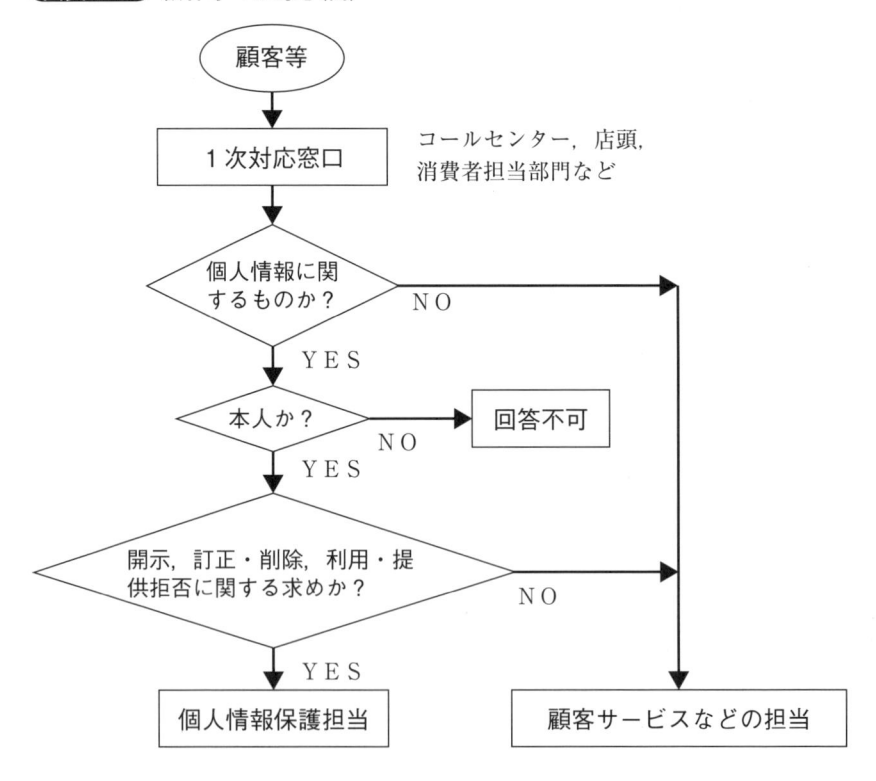

体制が整備されていなければ，個人情報保護が不適切だと見なされ，顧客等と大きなトラブルに発展するおそれがある．また，顧客対応窓口を整備する場合には，一般の問合せ対応と，個人情報保護に関する権利行使に関する対応とを切り分けて行うことが実務上必要になる．個人情報の開示請求を要求する情報主体は，個人情報に関する知識レベルも高いと考えられるので，開示請求に適確に対応するためには，個人情報保護に関する相応の知識を有する担当者や管理者が対応する必要がある．顧客等への対応の例を，図表2.10に示す．

# 第3章

## 個人情報保護の考え方

　個人情報保護では，情報主体（本人のこと，個人顧客，個人取引先，個人株主，従業員など）の自己情報に関する権利の確保が重要になる．ここでは，個人情報のライフサイクルを踏まえて，個人情報保護法，JIS Q 15001 および個人情報保護ガイドラインを参照しながら個人情報保護の考え方を解説する．

第3章　個人情報保護の考え方

## 3.1 個人情報のライフサイクルと個人情報保護

　個人情報保護法の条文を読んだだけでは，個人情報保護をどのように行えばよいのかわかりにくい．企業の実務家の立場からは，個人情報のライフサイクル（図表3.1参照）に沿って個人情報保護を考えると理解しやすい．本章では，個人情報保護法，経済産業省『個人情報保護ガイドライン』，「個人情報保護に関するコンプライアンス・プログラムの要求事項」（JIS Q 15001：1999）を参照しながら，個人情報保護の考え方を説明する．

## 3.2 対象となる個人情報

　個人情報保護法において保護の対象としている個人情報は，情報システムを利用して取り扱われる「個人情報データベース等」が中心である．「個人情報データベース等」は，電子計算機を用いたものが対象であり，

**図表3.1** 個人情報のライフサイクルと保護

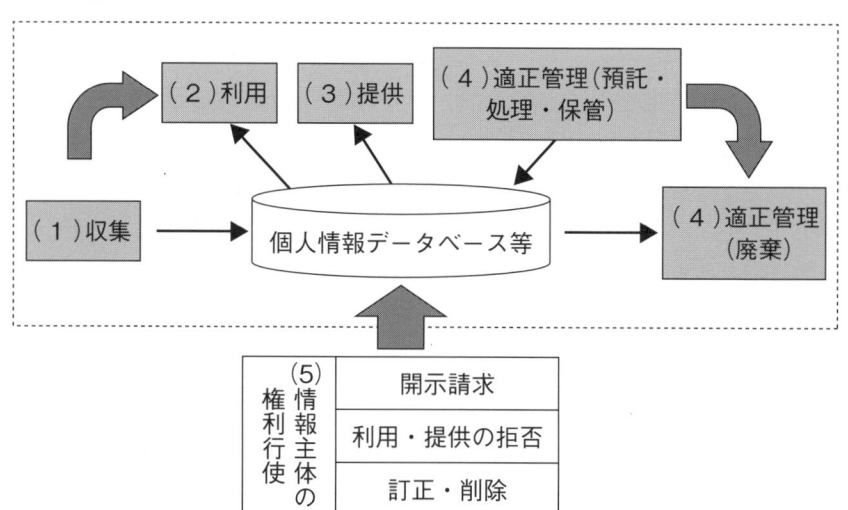

## 3.2 対象となる個人情報

**図表3.2** 個人情報の保護対象

|  | システム処理 | マニュアル処理 |
|---|---|---|
| 生存する個人 | ○ | △(政令で定めるものは対象) |
| 故　人 | × | × |

注) システム処理は情報システムで処理するもの．マニュアル処理は手書きの顧客カードや伝票などで処理するもの．

「特定の個人情報を容易に検索できるように体系的に構成したものとして政令で定めるもの」(第2条第2項第2号)を除いて，マニュアル処理によって取り扱われる個人情報は，保護の対象としていない．また，生存する個人に関する情報を保護対象としており，故人に関する個人情報は対象としていない(図表3.2参照)．しかし，実務的には，表計算ソフトやワープロソフトで作成した文書や手書の文書が外部に流出すれば，個人情報保護法で定める「個人情報データベース等」に該当しなくても，問題になるおそれが大きい．したがって，マニュアル処理(システム以外の処理)をしている個人情報であっても，故人の情報であっても同様の取扱いが必要になろう．

情報システムで取り扱う個人情報には，文字・数字情報だけではなく，情報システムに取り込まれた画像や音声など，個人を特定できる情報も個人情報保護の対象であることに注意する必要がある．例えば，インターネットやイントラネットで顧客の画像や音声を取り扱う際には，個人情報保護の対象になる．

なお，個人情報保護法では，「個人情報」，それをデータベース化した「個人情報データベース等」，それを構成する「個人データ」，個人情報取扱事業者が開示・訂正などの権限を有する「保有個人データ」に区別されて定められているが，本書では便宜上，必要な場合を除いて特に明確に区別していない．

## 第3章　個人情報保護の考え方

**個人情報保護法**

（定義）

第二条　この法律において「個人情報」とは，生存する個人に関する情報であって，当該情報に含まれる氏名，生年月日その他の記述等により特定の個人を識別することができるもの（他の情報と容易に照合することができ，それにより特定の個人を識別することができることとなるものを含む．）をいう．

2　この法律において「個人情報データベース等」とは，個人情報を含む情報の集合物であって，次に掲げるものをいう．

　一　特定の個人情報を電子計算機を用いて検索することができるように体系的に構成したもの

　二　前号に掲げるもののほか，特定の個人情報を容易に検索することができるように体系的に構成したものとして政令で定めるもの

　　（以下略）

**JIS Q 15001**

1. 適用範囲

　この規格は，個人情報の全部若しくは一部を電子計算機などの自動処理システムによって処理している，又は自動処理システムによる処理を行うことを目的として書面などによって処理している，あらゆる種類，規模の事業者に適用できる．

　　（以下略）

3. 定義

　　a）　個人情報

　個人に関する情報であって，当該情報に含まれる氏名，生年月日

> その他の記述，又は個人別に付けられた番号，記号その他の符号，画像若しくは音声によって当該個人を識別できるもの(当該情報だけでは識別できないが，他の情報と容易に照合することができ，それによって当該個人を識別できるものを含む．)．
>   (以下略)

## (1) 収 集

個人情報の収集時には，個人情報の収集目的(個人情報保護法では「利用目的」としているが，ここでは便宜上「収集目的」を用いる．)を明確にし，本人の同意を得ることがJIS Q 15001や個人情報保護ガイドラインの基本的な考え方である(図表3.3参照)．しかし，個人情報保護法では，利用目的の通知または公表となっている．また，個人情報の収集方法も適正な方法で行う必要がある．

個人情報保護法では定めがないが，JIS Q 15001および個人情報保護ガイドラインでは，人種および民族，門地および本籍地，信教，政治的見解および労働組合への加盟，保健医療および性生活といった特定の機微な個人情報は，情報主体の明確な同意がある場合など特定の条件を満

**図表3.3** 個人情報収集における個人情報保護

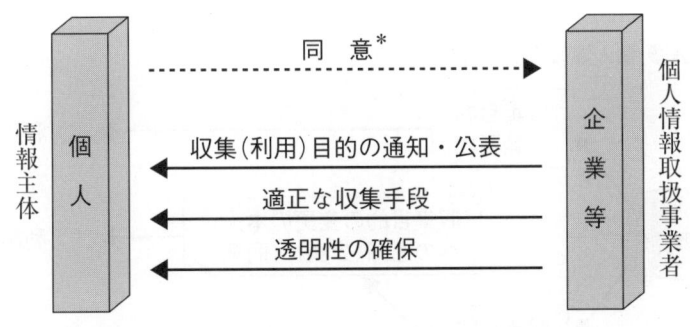

```
             同 意*
情報主体 個人 ←-------------→ 企業等 個人情報取扱事業者
         ← 収集(利用)目的の通知・公表
         ← 適正な収集手段
         ← 透明性の確保
```

\* JIS Q 15001および個人情報保護ガイドラインでは，同意が必要としている．個人情報保護法では，第三者提供の制限(第23条第1項)の場合に同意が必要になる．

第3章　個人情報保護の考え方

たさなければ，収集（利用，提供を含む）してはならないとされている．

---

**個人情報保護法**

（適正な取得）

第十七条　個人情報取扱事業者は，偽りその他不正の手段により個人情報を取得してはならない．

（取得に際しての利用目的の通知等）

第十八条　個人情報取扱事業者は，個人情報を取得した場合は，あらかじめその利用目的を公表している場合を除き，速やかに，その利用目的を，本人に通知し，又は公表しなければならない．

　　　（以下略）

---

## （2）利　用

　個人情報は，収集時の収集目的の範囲内で利用することが，個人情報保護の基本的な考え方である．目的外のことに利用する場合には，情報主体の同意が必要になる（図表3.4参照）．ビジネスでは，社内外の環境変化に対応して新しい事業を始めることも少なくない．こうした場合，企業においては，保有している個人情報をさまざまな形で利用することが検討される．個人情報の利用に際しては，当該個人情報を収集したときの収集目的の範囲内であるか，検討する必要がある．

**図表3.4　個人情報の収集目的と利用**

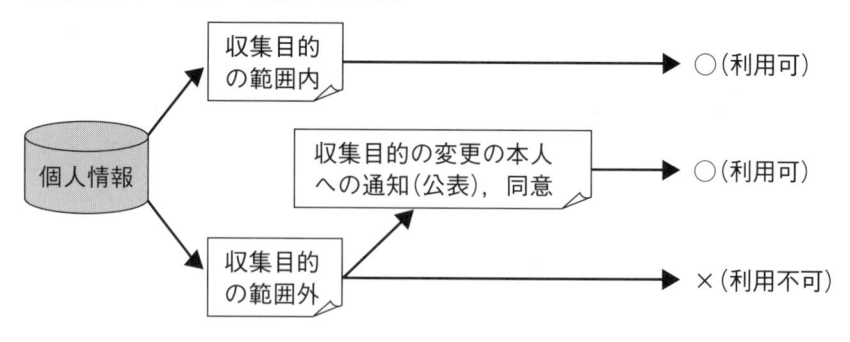

個人情報 → 収集目的の範囲内 → ○（利用可）

個人情報 → 収集目的の範囲外 → 収集目的の変更の本人への通知（公表），同意 → ○（利用可）

個人情報 → 収集目的の範囲外 → ×（利用不可）

3.2 対象となる個人情報

> **個人情報保護法**
>
> （利用目的による制限）
> 第十六条　個人情報取扱事業者は，あらかじめ本人の同意を得ないで，前条の規定により特定された利用目的の達成に必要な範囲を超えて，個人情報を取り扱ってはならない．
> 　　（以下略）

### （3）個人情報の第三者への提供

　個人情報の提供とは，収集した個人情報を他の事業者等に提供することをいう．例えば，金融機関が，延滞などの事故情報にかかわる氏名，生年月日，性別，電話番号，住所，勤務先名などの個人情報を，個人信用情報機関に提供するケースがある．個人情報の提供は，原則として収集目的の範囲内で行わなければならない（図表3.5参照）．

　なお，企業等が収集目的の達成に必要な範囲内で個人情報の取扱いを委託する場合や合併などにおいて，個人データを提供する場合には，第三者提供に該当しない．

**図表3.5　個人情報の提供の考え方**

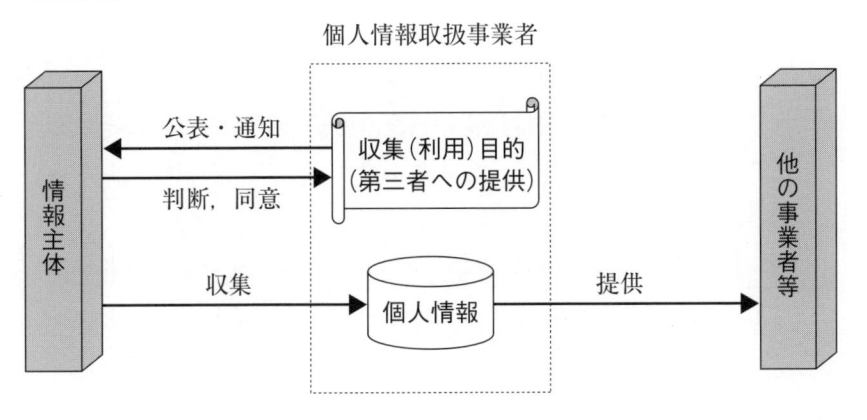

### 事例：クレジットカードの規約

あるクレジットカードの規約では，入会審査，ローン審査，保証審査および会員の資格審査を行う際に，同社が加盟している信用情報機関（当該信用情報機関と提携する信用情報機関を含む）に当該会員および入会申込者の信用情報が登録されている場合には，これを利用することに同意する旨が記載されている．また，クレジットカードの利用において発生した客観的な取引事実にもとづく信用情報および入会申込の事実を，クレジット会社が加盟する信用情報機関に7年を超えない期間登録され，当該信用機関の加盟会員，当該信用機関と提携する信用情報機関の加盟会員が，自己の取引上の判断のために利用することに同意する旨定められている．

### 個人情報保護法

（第三者提供の制限）

第二十三条　個人情報取扱事業者は，次に掲げる場合を除くほか，あらかじめ本人の同意を得ないで，個人データを第三者に提供してはならない．

一　法令に基づく場合

二　人の生命，身体又は財産の保護のために必要がある場合であって，本人の同意を得ることが困難であるとき．

三　公衆衛生の向上又は児童の健全な育成の推進のために特に必要がある場合であって，本人の同意を得ることが困難であるとき．

四　国の機関若しくは地方公共団体又はその委託を受けた者が法令の定める事務を遂行することに対して協力する必要がある場合であって，本人の同意を得ることにより当該事務の遂行に支

> 障を及ぼすおそれがあるとき．
> （以下略）

### （4） 個人情報の適正管理（預託・処理・保管・廃棄）

　個人情報は，漏えい，破壊，改ざんなどのリスクから適切に保護するとともに，内容を正確にしておかなければならない．そのためには，個人情報の処理や保管を適正に行うとともに，処理を委託する際の個人情報の預託について適正に行うことが必要になる．個人情報の適正管理について，個人情報保護ガイドラインやJIS Q 15001の考え方を整理すると，図表3.6に示すようになる．正確性の確保は，個人情報の内容に誤りがあったり，古いものであったりして，情報主体の利益が侵害されることを防止するためのものである．例えば，住所に誤りがあれば，購入した商品の配送に支障が生じることがある．安全性の確保は，個人情報の漏えいや，改ざんなどを防ぐために必要である．コンピュータシステムの操作ミスなどによる個人情報データベースの誤消去などに対応するためのバックアップ対策や廃棄時の対策も含まれる．

　適正管理には，従事者の秘密保持が重要であるが，これについては，個人情報を取り扱う者がプライバシーポリシーや規程，マニュアルなどに従って個人情報の保護に努めることを求めている．また，委託処理の管理ついては，情報処理のアウトソーシング（外部委託）を行う場合の個人情報の保護について定めている．例えば，受託業者の適切な選定，受

**図表3.6** 個人情報の適正管理

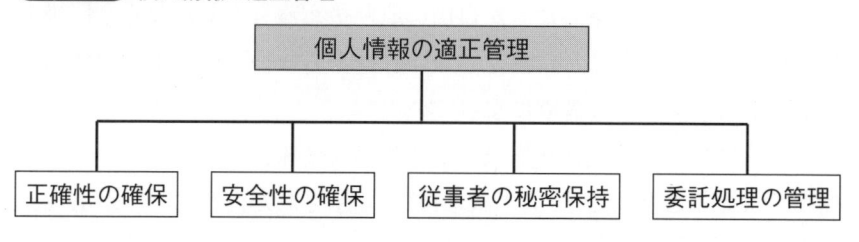

```
            個人情報の適正管理
    ┌──────────┬──────────┬──────────┐
正確性の確保  安全性の確保  従事者の秘密保持  委託処理の管理
```

託先との個人情報保護に関する契約締結などによって，受託先での個人情報保護水準を確保することを定めている．

---

**個人情報保護法**

（安全管理措置）

第二十条　個人情報取扱事業者は，その取り扱う個人データの漏えい，滅失又はき損の防止その他の個人データの安全管理のために必要かつ適切な措置を講じなければならない．

（従業者の監督）

第二十一条　個人情報取扱事業者は，その従業者に個人データを取り扱わせるに当たっては，当該個人データの安全管理が図られるよう，当該従業者に対する必要かつ適切な監督を行わなければならない．

（委託先の監督）

第二十二条　個人情報取扱事業者は，個人データの取扱いの全部又は一部を委託する場合は，その取扱いを委託された個人データの安全管理が図られるよう，委託を受けた者に対する必要かつ適切な監督を行わなければならない．

---

## （5） 情報主体の権利

　個人情報に関する情報主体の権利を確保することは，個人情報保護ガイドラインやJIS Q 15001の重要な考え方である．個人情報保護法では，情報主体の権利という表現を使っていないが，考え方は同じである．個人情報は，それを収集した者が自由に取り扱えるものではなく，情報主体の権利を確保することに注意しなければならない．情報主体の権利は，図表3.7に示すような構成になっている．

　具体的には，情報主体が自己に関する個人情報について，その内容の開示を求めることができ（開示請求権），開示された内容に誤りがあれば

## 3.2 対象となる個人情報

**図表3.7** 個人情報にかかわる情報主体の権利

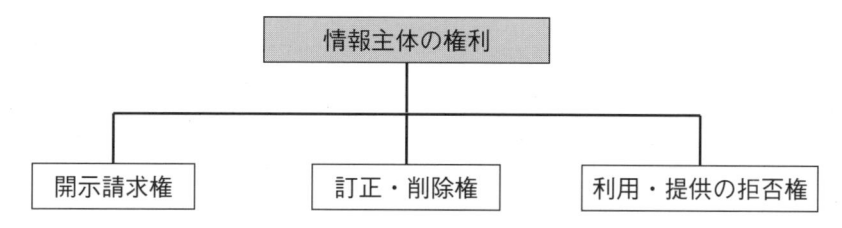

```
            情報主体の権利
    ┌───────────┼───────────┐
  開示請求権    訂正・削除権   利用・提供の拒否権
```

訂正・削除させる権利(訂正・削除権)を認めなければならない．さらに，自己の情報の利用を止めさせたり，第三者への提供を止めさせたりすること(利用・提供の拒否権)ができなければならない．なお個人情報保護法では，開示(第25条)，訂正等(第26条)，利用停止等(第27条)について定めているが，「情報主体の権利」という表現ではなく，「情報主体の関与」という表現を用いている．

　情報主体の権利は，個人情報保護に関するディスクロージャー(情報公開)ととらえることもできる．企業等が，個人情報を適切に取り扱っているということを，情報主体に示すための仕組みともいえる．

---

**個人情報保護法**

(開示)
第二十五条　個人情報取扱事業者は，本人から，当該本人が識別される保有個人データの開示(当該本人が識別される保有個人データが存在しないときにその旨を知らせることを含む．以下同じ．)を求められたときは，本人に対し，政令で定める方法により，遅滞なく，当該保有個人データを開示しなければならない．ただし，開示することにより次の各号のいずれかに該当する場合は，その全部又は一部を開示しないことができる．
一　本人又は第三者の生命，身体，財産その他の権利利益を害するおそれがある場合

二　当該個人情報取扱事業者の業務の適正な実施に著しい支障を及ぼすおそれがある場合
三　他の法令に違反することとなる場合
　（以下略）


（訂正等）
第二十六条　個人情報取扱事業者は，本人から，当該本人が識別される保有個人データの内容が事実でないという理由によって当該保有個人データの内容の訂正，追加又は削除（以下この条において「訂正等」という．）を求められた場合には，その内容の訂正等に関して他の法令の規定により特別の手続が定められている場合を除き，利用目的の達成に必要な範囲内において，遅滞なく必要な調査を行い，その結果に基づき，当該保有個人データの内容の訂正等を行わなければならない．
　（以下略）


（利用停止等）
第二十七条　個人情報取扱事業者は，本人から，当該本人が識別される保有個人データが第十六条の規定に違反して取り扱われているという理由又は第十七条の規定に違反して取得されたものであるという理由によって，当該保有個人データの利用の停止又は消去（以下この条において「利用停止等」という．）を求められた場合であって，その求めに理由があることが判明したときは，違反を是正するために必要な限度で，遅滞なく，当該保有個人データの利用停止等を行わなければならない．ただし，当該保有個人データの利用停止等に多額の費用を要する場合その他の利用停止

> 等を行うことが困難な場合であって，本人の権利利益を保護するため必要なこれに代わるべき措置をとるときは，この限りでない．
> 　（以下略）

### （6） 管理体制

　個人情報保護を適切に行うためには，個人情報の管理責任者を定め，組織として個人情報保護を実施していく体制の整備と運用が必要であるが，個人情報保護法では，個人情報を保護するための組織や体制については，具体的に定めていない．しかし，企業などの個人情報取扱事業者では，個人情報を保護するための組織や体制などを確立し，維持していかなければならない．

　個人情報保護にかかわる組織・体制を確立するためには，JIS Q 15001などを参考にして，個人情報管理規程や個人情報取扱マニュアルなどを整備する必要がある（図表3.8参照）．管理体制，責任・権限については，個人情報取扱者に対して周知・徹底しなければならない．この際には，従業員だけではなく，役員，派遣社員，パートなどを含めて教育を実施することが不可欠である．

① 管理責任者の指名

　企業等における個人情報の管理者を指名する．管理責任者が複数いる場合には，責任分担を明確にする必要がある．つまり，個人情報の管理について，だれが最終責任を負うのかを明確にしておかなければならな

**図表3.8** 個人情報にかかわる組織・実施責任

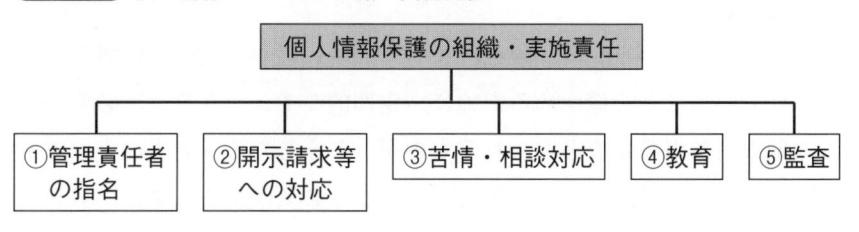

```
          個人情報保護の組織・実施責任
    ┌──────┬──────┬──────┬──────┬──────┐
  ①管理責任者  ②開示請求等  ③苦情・相談対応  ④教育  ⑤監査
   の指名      への対応
```

い．また，管理責任者の責任・義務・権限などを定めて，企業等における個人情報の適切な保護を実施させるための，体制を整備しなければならない．なお，情報主体に対して管理責任者を通知する必要がある．

② 開示請求等への対応

顧客などの情報主体が開示請求等（個人情報保護法では「開示等の求め」となっている）を行おうとした場合の窓口を定め，情報主体が権利を行使できるような体制を整備しなければならない．開示請求等の対応窓口は，1次対応窓口は同じにしても顧客から行われる通常の問合せ対応とは別の窓口にしておくとよい（第2章2.3節を参照）．なぜならば，開示請求は，通常の問合せ対応とは異なり，より慎重な本人確認を行うなどの注意が必要だからである．

③ 苦情・相談対応

個人情報の取扱いに問題がある場合などに備えて，情報主体からの苦情・問合せ対応窓口を設ける必要がある．小規模な組織の場合には，開示請求窓口と同じ組織にしておいてもよい．苦情・相談対応窓口には，個人情報保護に関する知識，経験が豊富であり，自社における個人情報の取扱いについて精通している者を任命するとよい．

④ 教 育

プライバシーポリシー，規程，マニュアルなどに関して，個人情報取扱者を教育する体制を整備し，定期的に教育を実施する必要がある．個人情報取扱者に対する教育は，個人情報の管理者が最終的な責任を負っている．

⑤ 監 査

プライバシーポリシー，規程，マニュアルに従って，個人情報が取り扱われていることを確かめるために，定期的なチェックを行う必要がある．個人情報保護監査といわれるものが，こうしたチェックの1つである．個人情報保護監査は，定期的に実施する必要がある．また，アクセ

スログの分析などの手法も採り入れて，効率的かつ効果的な個人情報保護監査を実施するとよい．

---

**個人情報保護法**

（開示等の求めに応じる手続）

第二十九条　個人情報取扱事業者は，第二十四条第二項，第二十五条第一項，第二十六条第一項又は第二十七条第一項若しくは第二項の規定による求め（以下この条において「開示等の求め」という．）に関し，政令で定めるところにより，その求めを受け付ける方法を定めることができる．この場合において，本人は，当該方法に従って，開示等の求めを行わなければならない．

　　（以下略）


（手数料）

第三十条　個人情報取扱事業者は，第二十四条第二項の規定による利用目的の通知又は第二十五条第一項の規定による開示を求められたときは，当該措置の実施に関し，手数料を徴収することができる．

　　（以下略）


（個人情報取扱事業者による苦情の処理）

第三十一条　個人情報取扱事業者は，個人情報の取扱いに関する苦情の適切かつ迅速な処理に努めなければならない．

2　個人情報取扱事業者は，前項の目的を達成するために必要な体制の整備に努めなければならない．

## JIS Q 15001

### 4.4.1 体制及び責任

コンプライアンス・プログラムを効果的に実施するために役割, 責任及び権限を定め, 文書化し, かつ, 個人情報に関連のある業務にかかわる役員及び従業員に周知しなければならない.

事業者の代表者は, コンプライアンス・プログラムの実施及び管理に不可欠な資源を用意しなければならない.

事業者の代表者は, この規格の内容を理解し実践する能力のある管理者を事業者の内部から指名し, コンプライアンス・プログラムの実施及び運用に関する責任及び権限を他の責任にかかわりなく与え, 業務を行わせなければならない.

### 4.4.6 教育

事業者は, 役員及び従業員に, 適切な教育を行わなければならない.

事業者は, 関連する各部門及び階層においてその従業員に, 次の事項を自覚させる手順を確立し維持しなければならない.

a) コンプライアンス・プログラムに適合することの重要性及び利点.

b) コンプライアンス・プログラムに適合するための役割及び責任.

c) コンプライアンス・プログラムに違反した際に予想される結果.

### 4.4.7 苦情及び相談

事業者は, 個人情報及びコンプライアンス・プログラムに関して,

情報主体からの苦情及び相談を受け付けて対応しなければならない．

4.5 監査

事業者は，コンプライアンス・プログラムがこの規格の要求事項と合致していること，及びその運用状況を定期的に監査しなければならない．

監査責任者は，監査を指揮し，監査報告書を作成し，事業者の代表者に報告しなければならない．

事業者は，監査報告書を管理し，保管しなければならない．

# 第4章

# プライバシーリスク・マネジメント

　個人情報保護を考える際には，プライバシーリスク・マネジメントの概念を理解する必要がある．本書でいうプライバシーリスクとは，個人情報保護を適切に行えない可能性のことをいう．

　プライバシーリスク・マネジメントでは，プライバシーポリシーが重要な意味をもつ．本章では，個人情報保護の考え方をベースにして，プライバシーポリシーの策定とプライバシーリスクの分析・評価ついて解説する．

　また，プライバシーポリシーにもとづいたセキュリティ対策，管理体制，教育，監査の概要を説明する．

　プライバシーリスク・マネジメントでは，マネジメントの仕組みをつくることよりも，それを継続して実施していくことが重要である．

## 4.1 プライバシーリスク・マネジメントの概要

　個人情報保護に関するリスク(本書ではプライバシーリスクという)は,個人情報を適切に保護できない可能性(不確実性)のことをいう.個人情報保護を適切に行うためには,プライバシーリスクに対するマネジメントシステムを構築・維持することが必要になる.

　プライバシーリスク・マネジメントは,図表4.1に示すようなフレームワークで考えるとよい.有効かつ効率的なセキュリティ対策を講じるためには,プライバシーポリシーを基本的な考え方として,プライバシーリスクに対して適切なセキュリティ対策を講じなければならない.また,セキュリティ対策は,プライバシーポリシーに従って適切に運用しなければ,セキュリティ対策上の欠陥(セキュリティホール)が生じることになる.つまり,図表4.1に示すようなプライバシーリスクの総合的なマネジメントを考慮したうえで,具体的なセキュリティ対策を講じなければならない.

(1)　プライバシーポリシー

① 　プライバシーポリシーの役割

　プライバシーポリシーは,個人情報に対する企業等の基本的な方針を定めたものである.プライバシーポリシーは,外部向けに公表しているものが多い.またプライバシーポリシーは,社内に対して個人情報保護に関する基本方針を明確にするという意義もある.

　社内および外部向けに公表するプライバシーポリシーには,次のような事項が定められることが多い.

　a．個人情報保護に対する基本的な考え方

　「当社は,顧客の個人情報を適切に保護して取り扱う」,「当社は個人情報保護ガイドラインに従って適切に保護する」などの企業の個人情報保護に対する基本的な考え方を示す.

## 4.1 プライバシーリスク・マネジメントの概念

**図表4.1** プライバシーリスク・マネジメントの概念図

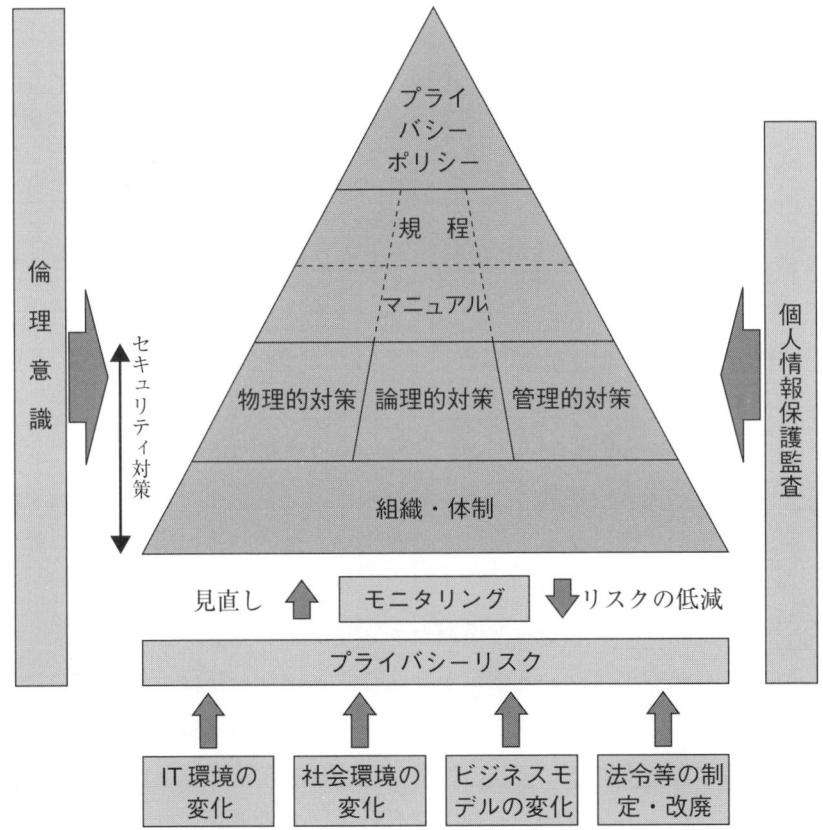

b．個人情報の収集

「個人情報の収集は，適正な方法で行う」，「本人の同意を得て収集する」という収集時の考え方を示す．

c．個人情報の利用および提供

「個人情報の利用および提供は，収集目的の範囲内で行う」などの個人情報の利用および第三者への提供に関する考え方を示す．

d．個人情報の適正管理

「個人情報の漏洩，破壊，改ざんなどが起こらないように安全対策

を講じる」などの個人情報を適正に管理するための考え方を示す．

e．教　育

「従業員教育を定期的に行う」，「従業員にプライバシーポリシーやマニュアルなどを周知・徹底する」などの個人情報保護の教育に関する考え方や取組みを示す．

f．監　査

「個人情報が適切に取り扱われるように監査を実施する」など．監査について定めている企業は，けっして多くはないが，重要な事項である．

g．組織・体制など

「個人情報の管理者は，○○です」，「問合せ先は，○○です」などの個人情報保護の体制を示す．社外向けのプライバシーポリシーでは，問合せ先が明確になるようにするとよい．社内向けの場合には，具体的な体制を示すとよい．

② プライバシーポリシーと情報セキュリティポリシーの関係

プライバシーポリシーと情報セキュリティポリシーは，非常に密接な関係にある．情報セキュリティポリシーは，企業の情報セキュリティに関する基本方針である．広義の情報セキュリティポリシーは，基本方針書とスタンダード（規程等）から構成される．基本方針書は，情報セキュリティに関する基本的な考え方を示したものであるが，これをベースに具体的な取扱いを定めたものが，スタンダードである．情報セキュリティポリシーの構造は，例えば，図表4.2に示すとおりである．この例では，スタンダードをまとめたものとして情報セキュリティ規程としている．情報セキュリティ規程には，電子情報管理規程，個人情報管理規程などの各規程がある（情報セキュリティ規程として1つにまとめてもよい）．図表4.2は，スタンダードの各規程を示したものである．

プライバシーポリシーは，情報セキュリティポリシーに含まれるもの

## 4.1 プライバシーリスク・マネジメントの概念

**図表 4.2** 情報セキュリティポリシーの構造

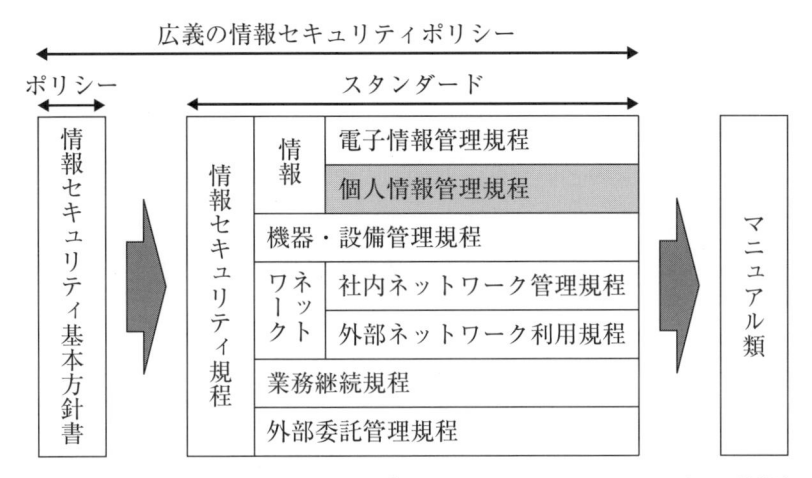

```
         広義の情報セキュリティポリシー
  ポリシー         スタンダード

  情報              情報    電子情報管理規程              マ
  セ                セ     個人情報管理規程              ニ
  キ                キ     機器・設備管理規程             ュ
  ュ      ⇒        ュ ネ                        ⇒      ア
  リ                リ ッ   社内ネットワーク管理規程          ル
  テ                テ ト                               類
  ィ                ィ ワ   外部ネットワーク利用規程
  基                規 ー
  本                程 ク   業務継続規程
  方
  針                       外部委託管理規程
  書
```

出典）島田裕次，榎木千昭，満塩尚史：『ネットビジネスのセキュリティ』，日科技連出版社，2000年，p.87を一部修整．

と位置づけることができるが，最近では，プライバシーポリシーを独立したものとして作成し，公表している企業も少なくない．いずれにしても，個人情報保護は情報セキュリティと密接に関連しているので，プライバシーポリシー，規程，マニュアルなどを作成する場合には，情報セキュリティポリシーとの関係を十分考慮しなければならない．

### （2） 規程，マニュアルなど

プライバシーポリシーを受けて作成されるものが，個人情報に関する取扱規程やマニュアルである．規程やマニュアルには，具体的にどのように個人情報を取り扱わなければならないかが定められる．また，個人情報を保護するための物理的対策，論理的対策（技術的対策），管理的対策に関連して，具体的な考え方，方法，手順などが定められる．例えば，モバイルコンピュータや媒体を施錠保管するなどの機器の取扱いや，サーバの設置場所，ファイアウォールの設定ルールなどが定められている．管理者がどのようなチェックをしなければならないかといった管理的対

策についても，その具体的な責務・権限などが規程・マニュアルなどで定められる．

つまり，規程やマニュアルは，プライバシーポリシーにもとづいて，具体的なセキュリティ対策を講じる場合の具体的な考え方，手順，取扱いなどを定めたものといえる．しかし，プライバシーポリシーが作成されれば，個人情報のセキュリティ対策が万全になるというわけではない．プライバシーポリシーに従って，具体的な対策を講じることが重要である．

(3) セキュリティ対策

個人情報にかかわるセキュリティ対策を，ここでは次の3つに分けて整理する．

① 物理的対策

コンピュータ機器，ネットワーク設備，記録媒体などに関する対策である．盗難，紛失，破壊などのプライバシーリスクを低減するための対策である．

② 論理的対策

個人情報の漏えい，破壊，改ざんなどのリスクに対して，情報システムの機能などを利用して対応するものである．技術的対策，システム的対策などとよばれることもある．例えば，アクセスコントロール機能（ソフトウェア）を利用した対策や，個人情報データベースのバックアップなどがある．

③ 管理的対策

組織・体制を利用して，個人情報の不適切な収集，目的外の利用，個人情報の漏えいなどのリスクを低減する対策である．主として，管理者による個人情報の利用状況のチェック，個人情報保護委員会などによる個人情報の利用に関する事前検討（目的外利用に該当しないかなどのチェック），個人情報の取扱者に対する個人情報保護教育の実施などがあ

る.

### (4) 個人情報保護監査

個人情報に関するセキュリティ対策が有効に講じられ,適切に機能しているかについて,監査するのが個人情報保護監査である.プライバシーポリシー,規程・マニュアルなどを遵守して個人情報が取り扱われているかどうか点検・評価する(準拠性監査).個人情報保護監査は,内部監査部門や外部監査人によって,定期的に実施する必要がある.

### (5) プライバシーリスク

プライバシーリスクに影響を与えるものには,IT環境や社会環境の変化,ビジネスモデルの変化,法令等の制定・改廃などがある.プライバシーリスクは,環境の変化とともにリスクの種類,リスクの大きさ,リスクの発生頻度などが大きく変化するおそれがある.したがって,常にプライバシーリスクの変化をモニタリングして,その結果を情報セキュリティポリシー,規程,マニュアルおよびセキュリティ対策の見直しにつなげなければならない.

### (6) 倫理意識

個人情報保護は,情報主体の権利を保護するとともに,その活用を図りネット社会の健全な発展に寄与しようとするものであるが,情報主体の権利保護とビジネスでの個人情報の活用という相反する側面をもつ.情報主体から見れば個人情報は保護すべき情報であるが,企業側から見れば個人情報は活用を図るべきものである.その妥協点であり均衡点が,個人情報保護法やガイドラインといえよう.このような法令・ガイドラインに従って個人情報を取り扱おうとする基礎にあるものが,遵法意識,つまり倫理意識である.

倫理意識は,法令・ガイドラインに定められた事項だけを遵守すればよいというものではない.ビジネス活動においては,法令・ガイドラインなどに定められていない個人情報に関する事象が発生することが少な

くない．こうした場合には，法令・ガイドラインなどの考え方をベースとして，どうすべきかを判断することが求められる．このような判断を行うのも，倫理意識と考えることができる．

## 4.2 プライバシーポリシー等の策定

(1) プライバシーポリシー

　個人情報保護に関する法令・ガイドラインや自社が取り扱う個人情報などを把握した後に，個人情報保護に対する企業の基本方針（プライバシーポリシー）を策定する．プライバシーポリシーの策定は，情報セキュリティポリシーの策定と同様のステップで行うとよい．プライバシーポリシーの策定では，次の事項が重要である．

① 　トップマネジメントによる方針の明確化

　個人情報保護は，ある意味では，事業活動に制約が課せられるので，業務効率の低下や，面倒なことも覚悟しなければならない．したがって，さまざまな部門，管理者，担当者などから反発を受けることも少なくない．そこで，トップマネジメントの明確な意思表示によって，プライバシーポリシーを策定したほうが，企業内の反発を抑えて，個人情報保護を適切に行いやすくなる．

② 　全社的なコンセンサス・理解

　個人情報保護は，各人の意識がなければ適切に行うことはできない．例えば，顧客と接するのは第一線の営業現場で働く従業員であり，電話での応対や電子メールでのやり取りを行うのも従業員である．情報システム部門の従業員も個人情報に接する機会が多い．さらに，パート，アルバイト，派遣社員なども個人情報を取り扱うことが少なくない．したがって，個人情報を取り扱う者全員を含めた意識づけが不可欠になる．

③　法令・ガイドラインへの準拠

　個人情報保護は，企業にとって制約が生じるものである．したがって，企業の論理や都合で個人情報の取扱いを決めると，法令・ガイドラインとは異なった内容になるおそれがある．この点に留意しないと，せっかく作成したプライバシーポリシーが不適切な内容であったり，不十分な内容になったりする．

**（2）　個人情報管理規程および個人情報取扱マニュアルの作成**

　プライバシーポリシーを策定したら，これにもとづいて個人情報管理規程を作成する．個人情報管理規程は，個人情報保護法や個人情報保護ガイドライン，JIS Q 15001 などを参考にして，個人情報保護に関する基本的な取扱いを定めるとよい．プライバシーポリシーは，個人情報取扱事業者の個人情報保護に関する基本的な考え方や方針を定めたものであり，それをもう少し詳しく説明した規程が必要になる．

　個人情報管理規程は，個人情報取扱事業者における個人情報保護に関する全般的な基本事項を定めているものであり，個人情報を取り扱う者が具体的にどのような取扱いをすればよいのかがわかりにくい．そこで，営業部門，製造部門，物流部門，情報システム部門などの担当者がどのように個人情報を取り扱えばよいのかを定めたマニュアルが必要になる．

　わかりやすい個人情報取扱マニュアルを作成するためには，次のような点に注意するとよい．

1) 実際の業務に適合した構成にする
2) 平易な表現で簡潔にまとめる
3) 必要性を理解させる
4) 実際の業務で何をすればよいのかを明記する
5) 守るべき事項は少なくまとめる
6) プライバシーポリシーや個人情報管理規程を個人情報取扱事業者に都合のいいように解釈しない（社会的な視点をもつこと）

## 第4章 プライバシーリスク・マネジメント

なお，個人情報管理規程については第5章で，個人情報取扱マニュアルについては第6章で，それぞれモデルを示して説明する．

## 4.3 プライバシーリスクの分析・評価

企業等において個人情報に関するセキュリティ対策を検討する場合には，まず，プライバシーリスクを分析・評価する必要がある．プライバシーリスクの分析・評価は，図表4.3に示すような手順で実施すると良い．

### (1) 取り扱っている個人情報の把握

個人情報保護の対策を検討する際には，まず，自社がどのような個人情報を収集・保管・利用・提供などを行っているかを把握しなければならない(図表4.4参照)．保護すべき対象の情報がわからなければ，適切な保護対策を講じることができないからである．自社で扱う個人情報を把握する場合には，個人情報を，例えば氏名，住所，電話番号というよ

**図表4.3** リスク評価およびセキュリティ対策の手順

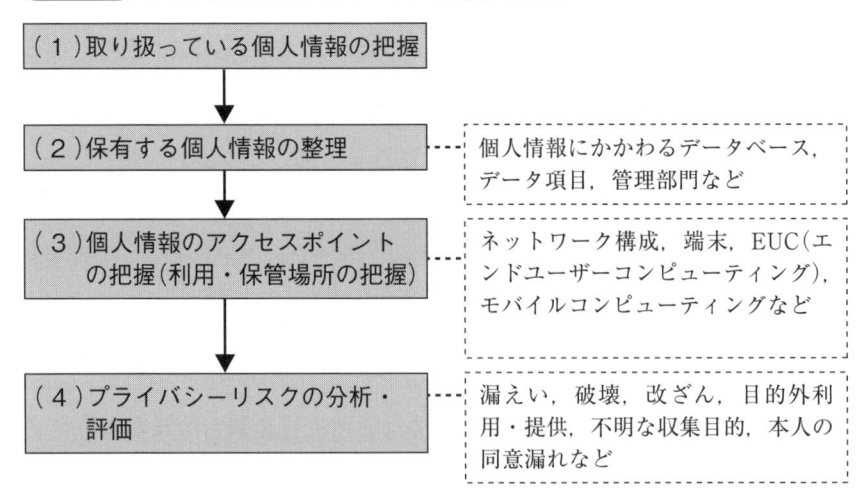

|  |  |
|---|---|
| (1) 取り扱っている個人情報の把握 | |
| (2) 保有する個人情報の整理 | 個人情報にかかわるデータベース，データ項目，管理部門など |
| (3) 個人情報のアクセスポイントの把握(利用・保管場所の把握) | ネットワーク構成，端末，EUC(エンドユーザーコンピューティング)，モバイルコンピューティングなど |
| (4) プライバシーリスクの分析・評価 | 漏えい，破壊，改ざん，目的外利用・提供，不明な収集目的，本人の同意漏れなど |

## 4.3 プライバシーリスクの分析・評価

**図表4.4** 個人情報把握の方法

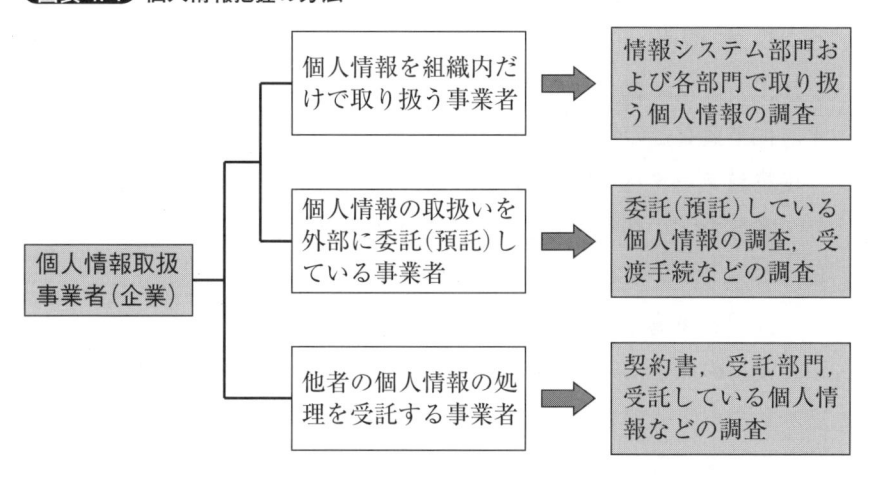

| 個人情報取扱事業者（企業） | | |
|---|---|---|
| → 個人情報を組織内だけで取り扱う事業者 | ⇒ | 情報システム部門および各部門で取り扱う個人情報の調査 |
| → 個人情報の取扱いを外部に委託（預託）している事業者 | ⇒ | 委託（預託）している個人情報の調査，受渡手続などの調査 |
| → 他者の個人情報の処理を受託する事業者 | ⇒ | 契約書，受託部門，受託している個人情報などの調査 |

うに狭い意味で捉えるのではなく，顧客番号，地図，建物図面，嗜好など幅広く捉える必要がある．狭い意味で個人情報を捉えると，情報漏えい，不正アクセスなどの問題への対処に不備が生じ，大きな問題につながるおそれがあるからである．

なお，個人情報には，次のような情報が含まれることに注意する必要がある．

a．個人顧客の情報

住所，氏名，購入履歴，顧客番号，電話番号，銀行口座，信用情報など個人顧客に関する情報．

b．個人営業の取引先の情報

法人情報は個人情報の対象外であるが，個人事業者の場合には個人情報に該当する場合がある．

c．取引先の従業員の情報

氏名，電子メールアドレス，電話番号（携帯電話番号を含む）など．

d．アンケート応募者の情報

ホームページを利用したアンケー調査，DM，折込はがきによるア

ンケート調査などで収集した個人情報.

e．株主情報

株主名簿に記載された個人株主の情報.

f．従業員などの情報

従業員データベースの情報(住所,氏名,扶養家族などのほか,給与・賞与などの情報も含む),従業員名簿なども含まれる.また,役員,パート,アルバイトなどの情報も含む.

g．採用関係情報

従業員の採用に応募した者の氏名,住所,経歴などに関する情報.応募した事実そのものも含む.

h．モニターなどの情報

商品やサービスのモニターに採用した者の個人情報.

　これらの情報は,企業が収集,利用・提供,保管,廃棄する個人情報であるが,このほかに,個人情報を預かり,それにかかわるシステム処理などを行う企業がある.こうした場合には,どのような種類の情報を取り扱っているのかを把握する必要がある.具体的な情報の種類,取扱い上の留意点などについて委託契約によって定められているので,契約書などを参考にして状況を把握するとよい.

（２）　保有する個人情報の整理

　個人情報保護の対象となる個人情報にはどのようなものがあるかを把握しなければ,適切なセキュリティ対策を講じることはできない.保有する個人情報を把握するためには,次のような視点から取りまとめる必要がある.

1) 業務システムや業務ごとにどのような個人情報を収集(入力)しているか.
2) 個人情報を収録したデータベースにはどのようなものがあるか.

## 4.3 プライバシーリスクの分析・評価

**図表4.5** 保有する個人情報の一覧表（例）

| システム名 | データベース名 | 管理部門 | 主要収録項目 | 利用箇所 |
|---|---|---|---|---|
| 顧客管理システム | 顧客データベース | システム部 | 氏名，住所，電話番号，電子メールアドレス…… | 本社，営業所 |
| 人事システム | 社員マスタ | システム部 | 氏名，社員番号，家族構成，給与…… | 本社，各事業書 |
| 営業支援システム | 営業折衝データベース | 営業部 | 氏名，住所，訪問記録…… | 社外（モバイルパソコン） |
| ○○ホームページ | 顧客意見データベース | 広報部 | 氏名，電子メールアドレス…… | 広報部 |
| 部門独自システム | 株主データベース | 総務部 | 氏名，住所，株式数…… | 総務部 |

3) 個人情報にはどのような項目があるのか．

4) 保有する期間は一時的か，一定期間以上か．

なお，情報システム部門以外の部門が独自に個人情報を収集している場合があるので，これらの部門を含めて全社的に調査する必要がある．保有する個人情報は，図表4.5に示すような様式で整理するとよい．

### （3） 個人情報のアクセスポイントの把握

保有する個人情報の調査にあたっては，利用箇所も把握することが大切である．利用箇所とは，個人情報に対するアクセスポイントのことである．アクセスポイントが増えれば，個人情報に対する不正アクセスや個人情報の漏えいなどのリスクも増大する．例えば，顧客情報に対するアクセスが社内に設置された端末に限定されている場合には，社外の者による個人情報に対するアクセスが行われる可能性は低い．しかし，インターネット経由で利用できるWebシステムの場合には，従業員のユーザIDやパスワードが第三者に漏えいした場合に，顧客情報が漏えいしてしまうことになる．モバイル端末を利用している場合には，モバ

イル端末の紛失，盗難が発生した場合に，収録してある個人情報が漏えいするリスクが高くなる．

したがって，セキュリティ対策を検討する場合には，個人情報へアクセスできる箇所数や，アクセスポイントの面としての広がりを把握することが重要になる．一方，セキュリティ投資(コスト)には制約があるので，セキュリティ投資をどのようなプライバシーリスクの低減に投入するのかを判断する際の基準になるからである．

（4） プライバシーリスクの分析・評価

プライバシーリスクの評価は，次に述べるリスク分類にもとづいて，アクセスポイントの箇所数と広がり，リスクの発生確率，リスクが発生したときの損失の大きさなどを総合的に検討して評価する必要がある．

ところで，一般的に，リスク評価は，次の算式によって求められる．

$$リスクの大きさ＝損失の大きさ×発生確率$$

プライバシーリスクの評価も，この算式にもとづいて行うとよい．損失の大きさの算出は難しいが，自治体での個人情報流出事件における損害賠償額(1人当たり10,000円＋訴訟費用5,000円)などを参考にして算出することもできよう．

① 個人情報の収集に関するリスク

個人情報を収集する際に情報主体に対して収集目的を通知しないリスク，情報主体の同意を得ないリスクなどがある．これらのリスクは，企業にとって苦情や訴訟の原因となったり，社会的な信用を失墜したりすることにつながる．

② 個人情報の利用・提供に関するリスク

個人情報の取扱者が，個人情報を目的外に利用するリスク，個人情報の管理部門の相談を得ないで勝手に第三者に情報を提供してしまうリスクなどがある．こうしたリスクは，企業にとって苦情や訴訟の原因となったり，社会的な信用を失墜したりすることになる．

③　個人情報の適正保管に関するリスク

　個人情報の漏えい，破壊，改ざんなどのリスクである．インターネット経由の不正アクセスによるもの，アクセス権限のない内部者の不正アクセスによるもの，アクセス権限のある内部者によるもの，システム変更時のミスによって第三者に対して流出するものなどがある．不正アクセスのように故意によるものと，システム運用管理上のミスのような過失によるものとに分けられる．

> **事例：内部者による個人情報の流出**
>
> 　ある百貨店で38万人分のカード会員名簿が流出した．同社の顧客政策部の社員が都内の信用調査会社にデータを売却して，個人情報が流出した事件である．また，ある自治体で住民基本台帳データ21万件余りが流出した事件では，乳幼児検診システムの開発を外部委託した際に，開発を担当するアルバイトによって個人情報がMO（光磁気）ディスクにコピーされ，売却された．両事件とも，内部犯行による個人情報流出事例である．

## 4.4　セキュリティ対策の構築

### (1)　セキュリティ対策の検討

　個人情報保護に関するセキュリティ対策は，プライバシーリスクに対応して図表4.6に示すようなものがある．

① 個人情報の収集に関する対策

　主として管理者の監督・指導によって，個人情報を適切に収集させることが中心となる．個人情報保護の取扱いに関する教育も重要である．このほかに，ホームページや電子メールで収集目的を公表または通知し本人の同意を得るなどの対策を講じる．

**図表 4.6** 個人情報の保護に関するセキュリティ対策

| 【プライバシーリスク】 | 【セキュリティ対策】 | |
|---|---|---|
| ①収集に関するリスク | システムによる通知等 | 収集目的の通知，情報主体の同意 |
| ②利用・提供に関するリスク | 管理者の監督・教育 | ポリシー，規程・マニュアル等の周知・教育など |
| ③適正保管に関するリスク | アクセスコントロール | システムによるコントロール，人間系によるコントロールなど |
| | バックアップ | データ，ソフトウェア，ハードウェア，ネットワークなど |
| ④情報主体の権利に関するリスク | 情報主体への対応体制 | 問合せ窓口，開示請求等の手続，システムなど |

② 個人情報の利用・提供に関する対策

　管理者の監督，指導によって取扱いを徹底させる対策，アクセスコントロールによって業務上必要性のない者によるアクセスを制限するなどの対策を講じる．

③ 適正保管に関する対策

　適正保管に関する対策としては，アクセスコントロールやバックアップなどのセキュリティ対策がある．セキュリティ対策は，前述のように物理的対策，論理的対策，管理的対策というように分類することができる．例えば，アクセスコントロールについて考えてみると，物理的対策には，個人情報データベースを保存したサーバを他の部屋から独立した施錠できるエリアに設置する対策がある．論理的対策（システム的対策）

には，アクセスコントロールソフトウェア等によって個人情報データベースに対するアクセスを制限する対策がある．管理的対策には，管理者が個人情報取扱者に対してユーザーIDやパスワードを第三者に漏らさないように監督・指導する対策がある．

④　情報主体への対応策

顧客などの情報主体から，自己情報に関して開示請求があった場合に適切に対応できるように，問合せ対応窓口の設置，開示請求への対応手続の整備，個人情報の訂正・取消などへの対応手続の整備などの対策がある．

なお，セキュリティ対策の詳細については，第7章を参照されたい．

### （2）　リスクとセキュリティコストの評価

セキュリティ対策にはコストがかかるので，プライバシーリスクの大きさとセキュリティ対策によるリスク低減効果を比較・検討して，最も効果の大きなものからセキュリティ対策を講じる．どのようなリスクに対してどのようなセキュリティ対策を講じるかについては，個人情報保護管理者など，個人情報保護に関して責任と権限のある者が最終的に意思決定する．リスクとセキュリティ対策の評価は，定期的に行う必要がある．

なお，個人情報保護法やガイドラインなどを遵守するための対策については，費用対効果の視点だけで評価するのではなく，コンプライアンスの視点からも検討する必要がある．

### （3）　セキュリティ対策の実施

セキュリティ対策が決定されたら，速やかに当該対策を実施しなければならない．また，セキュリティ対策は，環境の変化によって見直しが必要になることにも注意しなければならない．例えば，システムやネットワークが変更された場合には，それにともなってセキュリティ上の欠陥が生じないように対応する必要がある．また，新しいセキュリティホ

ールが発見された場合には，その不具合を改善するための対策を講じなければならない．

**（4） リスクテイク（リスクの受容）**

実務的には，必ずしもすべてのプライバシーリスクに対してセキュリティ対策を講じるわけではない．リスクが発生してもそれによる損失が小さいものや，リスクの発生確率が低いものについては，リスクを受け入れて（リスクテイク），リスクの未然防止やリスク低減のためのセキュリティ対策を講じないことがある．このようなリスクテイクで注意しなければならないことは，受け入れたリスクのモニタリングとリスクが発生した場合の対応方法（発見対策，回復対策）を講じておくことである．このような対策がなければ，リスクの発生や変化を見過ごしたり，リスクが発生した場合にシステムやデータを復旧できずに，業務が混乱したりするおそれがある．

## 4.5 プライバシーリスクの管理体制

プライバシーリスクの管理体制は，企業の規模，組織体制などによって異なる．ただし，個人情報保護の最終的な管理者を明確にしておかなければならない．図表4.7にプライバシーリスクの管理体制（例）を示すので，参考にされたい．

① 個人情報管理責任者

個人情報保護の管理責任者は，企業の役員などが任命されることが望ましい．企業全社の個人情報の取扱いに関する監督・指導の責任者だからである．米国では，例えばIBMのように，CPO（Chief Privacy Officer：プライバシー担当役員）を設置している企業がある．

② 個人情報保護事務局

個人情報管理責任者をサポートし，企業全体の個人情報保護の適切な

## 4.5 プライバシーリスクの管理体制

**図表 4.7** プライバシーリスクの管理体制(例)

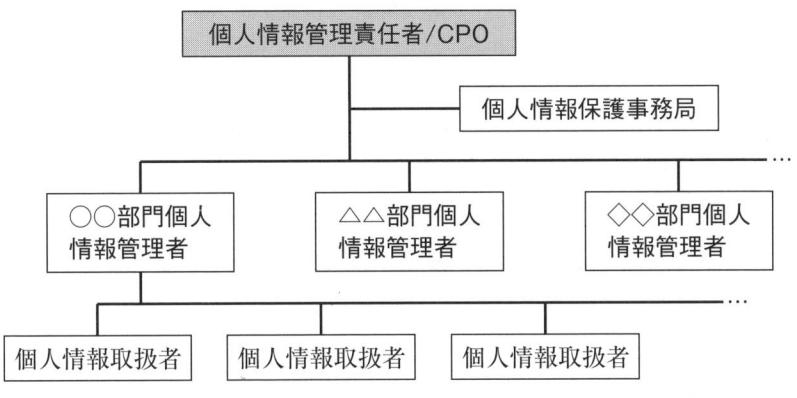

```
                個人情報管理責任者/CPO
                  │
                  ├──────── 個人情報保護事務局
                  │
       ┌──────────┼──────────────┐  ...
       │          │              │
   ○○部門個人   △△部門個人   ◇◇部門個人
   情報管理者    情報管理者    情報管理者
       │          │              │   ...
   ┌───┘      ┌───┘          ┌───┘
個人情報取扱者  個人情報取扱者  個人情報取扱者
```

注) CPO(Chief Privacy Officer:プライバシー担当役員)

運営を行う．情報主体からの開示請求，訂正・削除，利用・提供の拒否などの窓口機能をもたせてもよい．

③ 個人情報管理者

企業規模が大きくなると，個人情報管理責任者が企業内すべてについて監督・指導することは難しいので，事業所や部門ごとに個人情報保護に関する担当者を設置するとよい．個人情報管理者は，情報主体からの開示，訂正・削除，利用・提供の拒否などの求めに関して，事業所・部門における窓口機能ももつ．必要に応じて補佐役を設置してもよい．

④ 個人情報取扱者

個人情報を取り扱う者が個人情報取扱者である．個人情報取扱者は，個人情報管理責任者および個人情報管理者の指示を受けて，プライバシーポリシー，個人情報管理規程，個人情報取扱マニュアルなどに従って個人情報を取り扱わなければならない．

なお，個人情報取扱者は業務上個人情報を取り扱う必要がある者であり，当該企業の従業員すべてが個人情報取扱者となるわけではない．

## 4.6 プライバシーリスクに関する教育

### （1） 教育の対象者

　個人情報の取扱いに関する教育は，個人情報を取り扱う者すべてを対象にして，定期的に実施する必要がある．また，教育の対象者は，当該企業の社員だけではなく，派遣社員や業務の委託先の取扱者なども対象にしなければならない（図表4.8参照）．教育を受けていない者がいる場合には，その者たちが個人情報を不適切に取り扱ってしまい問題が発生するおそれがある．

　なお，現在は個人情報を取り扱っていなくても，将来取り扱う可能性のある者に対しても，教育を実施しておくとよい．

### （2） 個人情報保護教育の内容

　個人情報保護教育で取り上げる項目には，次のものがある．

① プライバシーポリシーの主旨と内容

　プライバシーポリシーを策定した経緯および内容について説明し，理解させる．特に，なぜ個人情報の保護が必要なのか，個人情報を適切に取り扱わないとどのような問題が発生するのかなどを理解させるようにする．

② 個人情報管理規程およびマニュアルの内容

　個人情報管理規程の位置づけや内容を説明する．個人情報管理規程やマニュアルの内容は広範囲にわたることがあり，自己の担当業務に直接

**図表4.8** 個人情報保護教育の対象

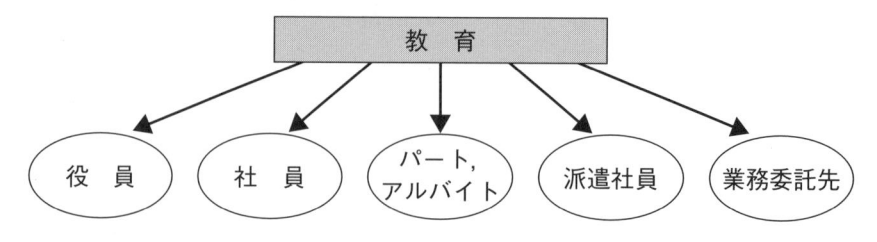

```
              教　育
    ┌────┬────┼────┬────┐
  役員  社員  パート，  派遣社員  業務委託先
              アルバイト
```

関係しない事項も少なくないので，自分に関連する事項は何か，自分はどう行動すればよいのかがわかるように教育しなければならない．例えば，顧客を訪問して営業活動を行う営業担当者が遵守すべき事項，店頭で顧客に対応する担当者が遵守すべき事項，電話受付担当者が遵守すべき事項，電子メールを送受信する場合に遵守すべき事項，各部門の管理者が遵守すべき事項を具体的に事例をあげて説明するとよい．また，規程を遵守しなかった場合の罰則についても説明し，個人情報の適切な取扱いの重要性，会社としての個人情報保護に対する姿勢を個人情報取扱者に明確に示すことが大切である．

③ 管理体制など

プライバシーリスクの管理体制について説明するとともに，個人情報の取扱いに関してわからない場合の問合せ・相談先を周知する．個人情報の漏えいや目的外利用などの問題が発生した場合の連絡・報告手順についても周知しておかなければならない．さらに，顧客等の情報主体から開示請求，利用・提供の拒否の申し入れがあった場合の対応手順を明確にしておき，情報主体への対応が適切に行われるように教育する必要がある．

④ 個人情報を巡るトラブル事例を利用した教育

個人情報保護に関して発生した実際の事例を紹介し，個人情報に関する問題が発生した場合の会社の事業活動に与える影響の大きさを理解させるとよい．また，本人に対する処罰についても言及する．新聞や雑誌などで報道された個人情報侵害事例を取り上げたり，社内で実際に発生，または発生しそうになった問題(失敗事例)を取り上げたりして解説するとよい．

(3) 教育のタイミング

個人情報保護教育は，図表4.9のように構成される．個人情報保護教育は，少なくとも年1回定期的に実施する．新入社員の入社時教育，情

**図表4.9** 個人情報保護教育のタイミング

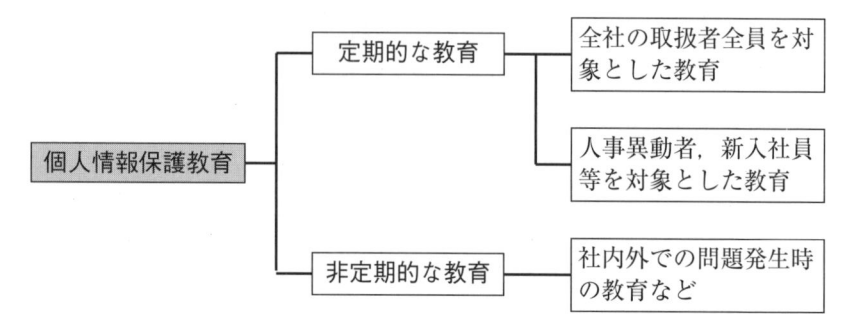

個人情報保護教育
- 定期的な教育
  - 全社の取扱者全員を対象とした教育
  - 人事異動者，新入社員等を対象とした教育
- 非定期的な教育
  - 社内外での問題発生時の教育など

報リテラシー教育，人事異動者に対する教育などの機会にあわせて個人情報保護教育を実施するとよい．また，コンピュータシステムで個人情報が処理されることから，個人情報に関する教育がシステム部門に偏るおそれがある．個人情報に関する教育は，システム部門よりもむしろ個人情報の利用部門を重視して行う必要がある．教育が漏れなく行われるようにするためには，出席簿にサインさせ，未受講者のフォローをするなどの方法をとると有効である．

## 4.7 プライバシーリスク・マネジメントの監査（個人情報保護監査）

　個人情報がプライバシーポリシー，規程，マニュアルに従って適切に取り扱われるようにするためには，教育だけではなくプライバシーポリシーの遵守状況をチェックする仕組みが必要である．具体的には，個人情報取扱部門から独立した内部監査部門（または第三者）による個人情報保護監査を実施する必要がある．個人情報保護監査は，プライバシーマーク制度におけるプライバシーマーク付与の要件にもなっており，定期的に実施する必要がある．個人情報データベースに関するアクセスログの分析，不正アクセスに対するチェック状況の調査，個人情報のアウト

## 4.7 プライバシーリスク・マネジメントの監査(個人情報保護監査)

ソーシング先の調査などによって,プライバシーポリシーに関する準拠性や個人情報の取扱いの適切性などについて監査する.業務監査,会計監査,システム監査などの内部監査を実施するタイミングにあわせて,個人情報保護監査を実施する方法もある.

① 個人情報保護監査の実施主体

個人情報保護監査は,システム監査に関する専門知識・技術を有した者が担当する必要がある.例えば,会計監査のように会計に関する知識・技術は高いが,システム監査に関する知識・技術が低い場合には,システム監査人を監査チームに含めたり,システム監査人が作成した監査手続書を利用したりして監査を実施する方法がある.

② 個人情報保護監査の監査項目

個人情報保護監査では,例えば,次のような項目を盛り込む必要がある.

1) プライバシーポリシー,規程,マニュアルに関する教育の実施状況(実施回数,参加者,実施方法の適切性)
2) 情報機器,記録媒体などの管理状況(保管場所,現品チェックの適切性など)
3) パスワード管理の適切性(初期設定の変更,定期的な変更,類推しやすいパスワード利用の禁止など)
4) 帳票等の廃棄の適切性(溶解や裁断による廃棄,廃棄作業への立会いなどの実施状況)
5) 利用目的の通知,本人同意の確認状況(担当業務によって内容が異なる)
6) Webサイトにおけるプライバシーポリシーの公表
7) ファイアウォールの運用管理の適切性
8) 外部委託管理の適切性(契約の締結,教育の実施状況など)
9) 個人情報保護に関する教育の実施状況

### ③ 監査対象

個人情報の取扱者すべてが監査対象となる．したがって，社内の各部門だけではなく，業務委託先なども含めて監査対象となる．ただし，業務委託先などの監査については，業務委託契約などで個人情報保護監査の実施について事前に取り決めておく必要がある．

### ④ 監査の実施時期

個人情報保護監査は，定期的に実施する．

### ⑤ 監査の方法

個人情報保護監査の方法には，個人情報の処理をしている情報システムへのアクセス記録を調査する方法，クライアント，サーバなど情報機器の取扱状況の視察，帳票の保管・廃棄方法のヒアリングおよび視察などの方法がある．

### ⑥ 他の監査との連携

個人情報保護監査は，情報セキュリティ監査との関係が深いので，情報セキュリティ監査と併せて実施すると効率的である．この他に，会計監査や業務監査で事業所などに往査した際に，併せて行う方法もある．企業の監査環境に合わせて対応することが大切である．

## 4.8 マネジメント継続の重要性

### (1) プライバシーリスクのマネジメントサイクル

プライバシーリスクを適切にマネジメントし，ビジネス活動を継続していくためには，図表4.10に示すようなマネジメントサイクルを運用することが必要である．はじめに企業の個人情報保護に関する基本方針であるプライバシーポリシーを策定する．

プライバシーリスクは，企業のビジネス活動によって，その種類・大きさなどが異なる．したがって，ビジネス活動を踏まえてプライバシー

4.8 マネジメント継続の重要性

**図表4.10** プライバシーリスクのマネジメントサイクル

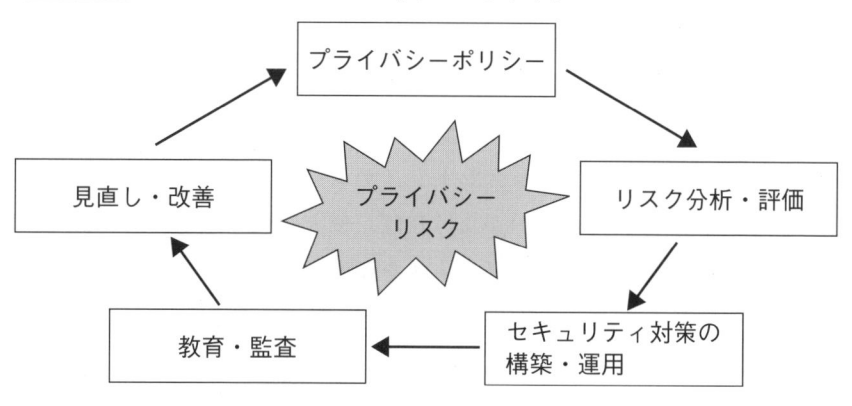

```
        プライバシーポリシー
       ↗              ↘
  見直し・改善    プライバシー    リスク分析・評価
       ↑         リスク              ↓
   教育・監査  ←  セキュリティ対策の
                  構築・運用
```

リスクを分析・評価することが重要になる．リスク分析では，当該企業等におけるIT環境を適切に把握する必要がある．特に，情報技術の進展にともなって，個人情報に関するアクセスポイントがどのように展開しているか，アクセスできる個人情報の内容やアクセスの方法などがどのようになっているかを分析しなければならない．次に，プライバシーポリシーにもとづいて，具体的なセキュリティ対策が構築され，運用される．セキュリティ対策を適格に運用にするためには，個人情報の取扱者の意識が極めて重要である．CRMなどの個人情報を活用した情報システムやアウトソーシングの拡大にともなって，個人情報の取扱者が社内外へ拡大するので，個人情報の取扱者1人ひとりが個人情報保護に関する認識をもたなければ，個人情報を保護し，適切にビジネス活動に利用することはできない．

(2) マネジメント継続の重要性

個人情報保護に関するプライバシーポリシー，規程，マニュアルなどが，IT環境の変化，事業内容の変更，組織の改廃，人事異動などに応じて，定期的に見直し，改訂することが重要である．例えば，新たに組織を設置する場合には，当該部門の個人情報管理者を任命するとともに，

## 第4章 プライバシーリスク・マネジメント

組織図の変更なども行う必要がある．また，情報処理のアウトソーシングを導入したり，派遣社員を新たに受け入れて個人情報の取扱いの一部を任せたりするような場合には，規程やマニュアルの変更が必要になる．個人情報の取扱いに関する教育についても見直しが必要になる．このような個人情報に関するマネジメントシステムを，社内外の変化に応じて常に最新の状態に保持しておかなければ，個人情報を適切に取り扱うことはできない．また，新しいビジネスを開始するときにアプリケーションシステム（Webシステムを含む）を新たに開発することがあるが，このような場合には，プライバシーポリシー，規程，マニュアル，組織・体制などの変更の必要性について検討する必要がある．

# 第5章

## 個人情報管理規程のモデル

　個人情報を適切に取り扱うためには，プライバシーポリシーにもとづいて，それをブレイクダウンした個人情報管理規程を定める必要がある．ここでは，個人情報管理規程のモデルを示して，その内容を説明する．

　モデル規程は，経済産業省『個人情報保護ガイドライン』（『民間部門における電子計算機処理に係る個人情報の保護に関するガイドライン』）をベースにして，個人情報保護法やJIS Q 15001などを参照しながら作成したものである．各社で作成する場合には，適宜修正して利用していただきたい．

　なお，用語について，個人情報保護ガイドラインおよびJIS Q 15001では，「収集」，「収集目的」を用いているのに対して，個人情報保護法では「取得」，「利用目的」を用いている．ここでは便宜上「収集」，「収集目的」を用いている．

# 第5章　個人情報管理規程のモデル

## 5.1　プライバシーポリシーのモデル

　プライバシーポリシーのモデルを以下に示すので，参考にしていただきたい．なお，プライバシーポリシーについては，さまざまな企業がホームページ上で公開しているので，それらを参考にして作成するとよい．

**（1）　個人情報の収集・利用・提供**

　弊社では，お客様との取引やサービスを提供するためにお客様の個人情報を収集し，その範囲内で収集した個人情報を利用します．また，収集したお客様の個人情報は，お客様の承諾を得ない第三者には提供・開示しません．

**（2）　個人情報の適正管理**

　お客様の個人情報は，紛失・破壊・改ざん・漏えい・不正アクセスが生じないようにセキュリティ対策を講じて適正に管理します．

**（3）　個人情報に関する法令等の遵守**

　個人情報保護法などの法令・ガイドラインを遵守して，お客様の個人情報を取り扱います．

**（4）　個人情報の預託**

　弊社は，お客様との取引やサービスを提供するために個人情報に関する取扱いを外部に委託することがあります．委託する場合には，適正な取扱いを確保するための契約締結，実施状況の点検などを行います．

**（5）　個人情報の開示・訂正・削除**

　お客様がお客様の個人情報について内容の照会，訂正，削除を求められる場合には，弊社窓口までご連絡ください．

**（6）　個人情報保護の維持・改善**

　弊社は，お客様の個人情報の取扱いが適正に行われるように従事者への教育を実施し，適正な取扱いが行われるように点検するとともに，個人情報保護の取組みを見直し改善します．

(7) お問合せ先

お客様からのお問合せ先は，次のとおりです．

○○部○○係　e-mail：xxxx@xxx.co.jp，電話：xx-xxxx-xxxx

個人情報の管理責任者：○○○○

## 5.2 個人情報管理規程の必要性

　企業が保有し利用する個人情報は，顧客情報，従業員等の情報，個人株主情報などさまざまである．このうち，顧客情報は，営業活動，受発注，配送，決済などのビジネス活動を行ううえで「カギ」となる情報である．顧客情報は企業にとって重要な情報資産であるが，顧客の立場から見ると，例えば，A社に提供した自己の個人情報がまったく知らないB社に流出して，電子メールや電話でのセールス，訪問販売など顧客が予想もしていなかったことに利用されるおそれがある．こうしたことを防止するために，個人情報保護法が制定された．また，業界ごとの個人情報保護ガイドラインや，JIS Q 15001「個人情報保護に関するコンプライアンス・プログラムの要求事項」が定められている．業界ガイドラインについては，

　　　http://privacymark.jp/

を参照されたい．なお，金融機関については，金融情報システムセンター『金融機関などにおける個人データ保護のための取扱指針（改正版）』（http://www.fisc.or.jp/）を参照されたい．

　次に述べるモデル規程は，経済産業省『個人情報保護ガイドライン』（『民間部門における電子計算機処理に係る個人情報の保護に関するガイドライン』）をベースにして，個人情報保護法等を参照しながら作成したものである．モデル規程は，顧客や従業員等の個人情報を適切に保護し，利用するために，個人情報の取扱いを定めたものである．なお，利用する場合には，今後，制定されるであろう政令や個人情報保護の個別法，業界の個人情報ガイドラインなどと整合性をとるようにしていただきたい．

## 5.3 個人情報管理規程(モデル)

1. 目　的 …………………………………………… 96
2. 定　義 …………………………………………… 97
3. 適用範囲 ………………………………………… 98
4. 個人情報の収集範囲 …………………………… 99
5. 収集方法の制限 ………………………………… 100
6. 収集情報の制限 ………………………………… 101
7. 直接収集の方法 ………………………………… 102
8. 間接収集の方法 ………………………………… 104
9. 利用範囲の制限 ………………………………… 106
10. 目的内の利用 …………………………………… 107
11. 目的外の利用 …………………………………… 109
12. 提供範囲の制限 ………………………………… 110
13. 目的内の提供 …………………………………… 111
14. 目的外の提供 …………………………………… 112
15. 個人情報の正確性確保 ………………………… 113
16. 個人情報の利用の安全性確保 ………………… 114
17. 秘密保持に関する従事者の責務 ……………… 115
18. 個人情報の委託処理に関する事項 …………… 116
19. 情報主体の権利 ………………………………… 118
20. 情報主体からの自己情報の利用停止などへの対応 …… 119
21. 個人情報の管理責任者 ………………………… 120

注) 各数字は本書の該当ページ.

第5章　個人情報管理規程のモデル

### 個人情報管理規程のモデル

**1. 目　的**

　この規程は，当社が収集・保存・利用・提供する個人情報について，当該情報の収集および利用を適切に行うとともに，当該情報を安全かつ最新の状態で保管し，適切に廃棄して，個人および個人情報のセキュリティを確保することを目的として定める．

条文の意味

1) 個人情報を適切に取り扱うことについての基本方針を明確にしている．具体的には，個人情報の収集・保存・利用を適切に行い，情報を最新の状態にするとともに，収集から廃棄までの個人情報のライフサイクル全般にわたる取扱いを定めている．
2) 個人情報には，後述するように顧客の個人情報だけではなく従業員などの個人情報も対象としている．
3) プライバシーポリシー，個人情報管理規程および個人情報取扱マ

**図表5.1** プライバシーポリシーと個人情報管理規程の関係

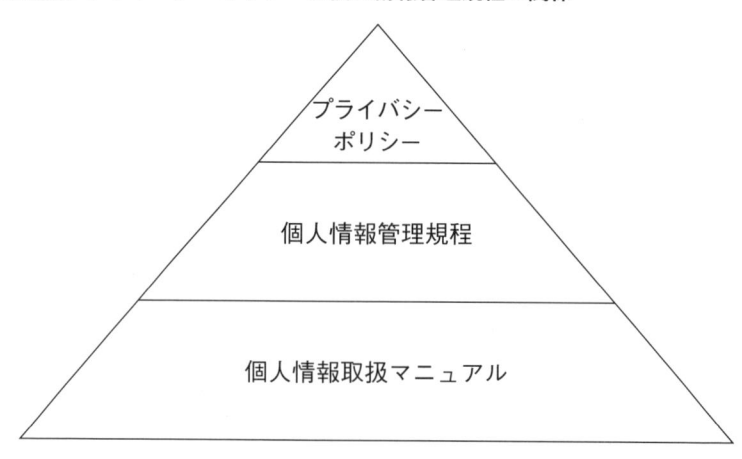

（ピラミッド図：上から「プライバシーポリシー」／「個人情報管理規程」／「個人情報取扱マニュアル」）

## 5.3 個人情報管理規程(モデル)

ニュアルの関係は，図表5.1に示すとおりである．

### 運用上のポイント

個人情報の取扱いは，企業での情報活用を重視する傾向があるが，顧客(情報主体)の立場に立って適切な保護を行う姿勢が大切である．

---

**個人情報管理規程のモデル**

**2. 定　義**

この規程で使用する用語は，以下のとおり定義する．
（1）　個人情報：個人に関する情報であり，個人顧客，取引先，従業員などすべての個人に関する情報であって，個人を住所・氏名・電話番号などの文字，映像，音声などによって当該個人を識別できる情報をいう．
（2）　情報主体：識別できる個人(本人)のこと
（3）　受領者：個人情報の提供を受ける者

---

### 条文の意味

この規程で使用する用語の意味を明確にしたものである．

### 運用上のポイント

個人情報には，顧客の個人情報の他に，従業員等(役員，社員，派遣社員，パート，アルバイトなど)の個人情報も含まれることに注意しなければならない．

第5章　個人情報管理規程のモデル

> 個人情報管理規程のモデル
>
> 3．適用範囲
>   この規程は，個人情報を取扱う業務，および情報システムの企画・開発・運用・利用について適用する．

条文の意味

1) 情報システムがかかわらない(マニュアル処理の)個人情報についても，本規程の適用範囲としている．
2) 個人情報の保護は，情報システムの運用や利用だけを考えるのではなく，情報システムの企画，開発段階から必要なセキュリティ機能を盛り込む必要がある．なぜならば，情報システムが稼働してからセキュリティ機能を追加する場合には，開発段階でセキュリティ機能を組み込むのに比較して多大なコストと手間がかかるからである．したがって，この規程では情報システムの運用，利用だけではなく企画および開発も適用対象範囲にしている(図表5.2参照)．

図表5.2　個人情報保護と情報システム

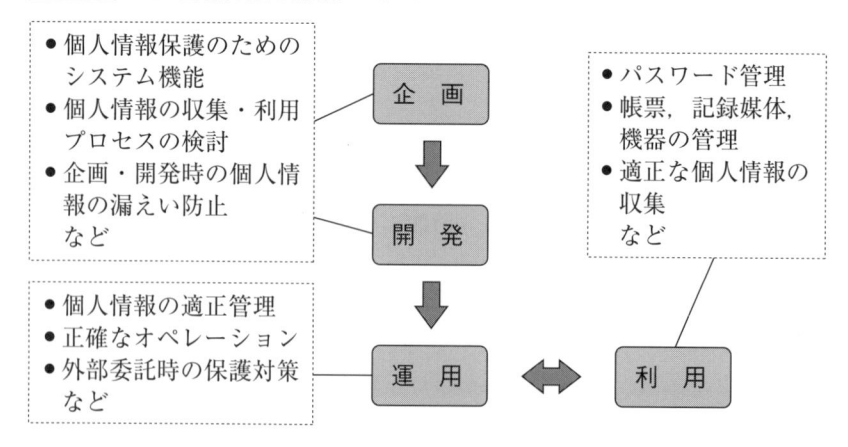

企画
- 個人情報保護のためのシステム機能
- 個人情報の収集・利用プロセスの検討
- 企画・開発時の個人情報の漏えい防止
など

開発

運用
- 個人情報の適正管理
- 正確なオペレーション
- 外部委託時の保護対策
など

利用
- パスワード管理
- 帳票，記録媒体，機器の管理
- 適正な個人情報の収集
など

## 5.3 個人情報管理規程(モデル)

### 運用上のポイント

この規程を遵守していくためには，システム設計マニュアル，運用マニュアル，操作マニュアル，業務マニュアルなどのなかに，個人情報保護に関する取扱いを明記するとよい．そうすれば，システム設計時にシステムエンジニアなどが特に意識しなくても適切な個人情報保護のためのセキュリティ機能を組み込むことができる．

---

**個人情報管理規程のモデル**

**4. 個人情報の収集範囲**
　個人情報の収集は，当社の事業活動の範囲内で行い，収集目的を明確に定め，その目的の達成に必要な限度内で行わなければならない．

---

### 条文の意味

1) 個人情報の収集は，収集目的を明確にし，企業の事業活動の範囲内で行う必要がある(図表5.3参照)．個人(情報主体)は，企業の収集目的に同意して，自己の情報を企業に提供するのであるから，企

**図表5.3** 個人情報の収集

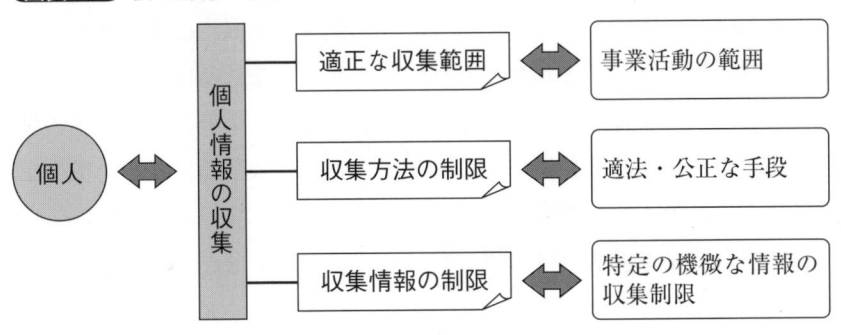

業の社会的責任を考えて個人の認識を裏切らないようにしなければならない．

2) 個人情報保護法では，収集目的と呼ばずに利用目的と呼んでいる．

### 運用上のポイント

個人情報の本来的な所有者は，個人であることを十分に認識することがポイントである．「個人情報は個人(情報主体)のものである」という認識を徹底させるためには，従業員，パート，アルバイトなどすべての個人情報取扱者に対する教育が必須である．

---

**個人情報管理規程のモデル**

**5．収集方法の制限**

個人情報の収集は，適法かつ公正な手段によって行わなければならない．

---

### 条文の意味

1) 情報主体である個人をだましたり，嘘をついたりして個人情報を収集してはならない(事例参照)．例えば，法令等で義務づけられていると嘘をついて家族構成などの情報を収集したり，アンケート調査だけに使用するという理由で氏名，住所，年収，趣味，嗜好などの情報を収集し，それを別の目的に使うような行為は行わないこと．また，不正な方法で個人情報を収集すると，企業の社会的信用の失墜や，訴訟問題の発生などによって，ビジネス活動に大きな損失を与えてしまうことを忘れてはならない．

2) 個人情報保護法では，個人情報の「収集」ではなく「取得」としている．このモデル規程では，個人情報保護ガイドラインや

## 5.3 個人情報管理規程（モデル）

> **事例：顧客をだまして個人情報を収集**

広島県の食品販売業社が、「商品のモニターになれば報酬を支払う」と広告を出して集めた顧客に健康食品や化粧品を売りつけた。被害者は約4千人、被害総額は約10億円といわれる。

JIS Q 15001 で用いられている「収集」を用いている。

### 運用上のポイント

企業の個人情報保護に対する基本姿勢を問われるものであり、従業員などの個人情報取扱者に対する周知徹底が不可欠である。各部門の管理者は、部下が不正な情報収集を行わないように注意することが重要である。

> **個人情報管理規程のモデル**
>
> **6. 収集情報の制限**
> 次に掲げる種類の内容を含む個人情報は、情報主体の明確な同意がある場合または法令に特段の定めがある場合を除いて、これを収集し、利用し、または提供してはならない。
> （1） 人種および民族
> （2） 門地および本籍地（所在都道府県に関する情報を除く）
> （3） 信教（宗教、思想および信条）、政治的見解ならびに労働組合への加盟
> （4） 保健医療および性生活

### 条文の意味

1) 個人情報のなかには、収集してはならない情報がある。本条で定

めている情報は，経済産業省『個人情報保護ガイドライン』で定められたものである．門地とは，家柄のことである．ここにあげた情報は，収集してはならない情報であり，個人情報取扱者に対する教育で周知・徹底させる必要がある．営業活動でこれらの情報を収集し利用するなどの戦略を策定しないように注意する必要がある．

2) 個人情報保護法では，特定の機微な個人情報の取扱いについては，定めがないが，このモデルでは，個人情報をより厳密に取り扱うことをねらいとして，この条項を加えている．EU指令に準じているので，海外での事業を展開している企業の場合などにおいては，必要な項目といえよう．

個人情報管理規程のモデル

## 7. 直接収集の方法

7.1 情報主体から直接個人情報を収集する場合には，次の事項を書面により通知し，当該個人情報の収集，利用または提供に関する同意を得なければならない．

（1） 当社の個人情報に関する管理者または代理人の氏名，職名，所属および連絡先

（2） 個人情報の収集および利用の目的

（3） 個人情報を外部に提供することが予定されている場合には，その目的，当該情報の提供先，属性および顧客情報の取扱いに関する契約の有無

（4） 個人情報の提供に関する情報主体の任意性および当該情報を提供しなかった場合に生じる結果

（5） 個人情報の開示を求める権利および開示の結果，当該情報が誤っている場合に訂正または削除を要求する権利の存在な

> らびに当該権利を行使するための具体的な方法
> 7.2 インターネットを通じて情報主体から個人情報を収集する場合には，インターネットを通じて前項の事項を通知し，当該個人情報の収集，利用または提供に関する同意を得ること．

### 条文の意味

1) ここでは，情報主体から直接顧客情報を収集する場合の取扱いを定めている．個人情報保護法では，「個人情報取扱事業者は，個人情報を取得した場合は，あらかじめその<u>利用目的を公表している場</u>合を除き，速やかに，その<u>利用目的を，本人に通知し，又は公表しなければならない</u>．」(第18条第1項，下線は筆者)としており，本人の同意までは求めていない．しかし，経済産業省『個人情報保護ガイドライン』では，書面による顧客への通知が必要であると定めている(第8条)ので，この規程ではガイドラインに準じている．

2) 個人情報保護法では，契約等に記載された個人情報を収集する場合には，「本人との間で契約を締結することにともなって契約書その他の書面(電子的方式，磁気的方式その他人の知覚によっては認識することができない方式で作られる記録を含む．以下この項において同じ．)に記載された当該本人の個人情報を取得する，その他本人から直接書面に記載された当該本人の個人情報を取得する場合は，あらかじめ，本人に対し，<u>その利用目的を明示しなければならない</u>．」(第18条第2項，下線は筆者)としている．

3) 7.2項は，インターネットを通じて個人情報を収集する場合の取扱いを定めている．ネットビジネスでは，この項の取扱いを遵守する必要がある．

## 運用上のポイント

1) 契約書や申込書などには，事前に収集目的等を明示しておくことも一法である．
2) ホームページを通じて個人顧客から注文受付，アンケートなどを行う場合には，収集目的や管理者などをホームページ上に表示する必要がある．最近では，プライバシーポリシーを掲載しているホームページが多くなっている．他のホームページを参照して，プライバシーポリシーの掲示方法を考えるとよい．

なお，プライバシーポリシーは，見やすいようにトップページからリンクしておくとよい．顧客がプライバシーポリシーを見つけるのに時間がかかったり，見つからなかったりするような掲示方法では，プライバシーポリシーを適切に掲示しているとはいえない．

---

**個人情報管理規程のモデル**

### 8. 間接収集の方法

8.1 情報主体以外の者から間接的に個人情報を収集する場合には，7.1項の(1)から(3)までおよび(5)に掲げる事項を書面により通知し，当該個人情報の収集，利用または提供に関する同意を得なければならない．

8.2 ただし，次のいずれかに該当する場合は，この限りではない．
（1） 情報主体からの個人情報収集時に，あらかじめ当社への情報の提供を予定している旨7.1項(3)に従い情報主体の同意を得ている提供者から収集を行う場合
（2） 提供される個人情報に関する守秘義務，再提供禁止および事故時の責任分担などの契約の締結により，個人情報に関し

> て提供者と同等の取扱いを確保することによって個人情報の提供を受け，収集を行う場合
> （3） 既に情報主体が7.1項(1)から(5)までに掲げる事項の通知を受けていることが明白である場合および顧客により不特定多数の者に公開された情報からこれを収集する場合
> （4） 正当な事業の範囲内であって，情報主体の保護に値する利益が侵害されるおそれのない収集を行う場合
> 8.3 インターネットなどを通じて個人情報を間接的に収集する場合にも，8.1および8.2項の内容を遵守すること．

### 条文の意味

1) 企業が本人以外の者から個人情報を収集する場合（間接的な収集）の取扱いを定めたものである．間接的に収集する場合にも，本人の同意が必要である．ただし，個人情報の提供者が事前に提供に関して本人の同意を得ている場合，提供者と同等の取扱いを確保して個人情報の提供を受ける場合，本人が事前に通知を受けていることが明白な場合などについては，改めて本人の同意を得る必要はない．

　なお，インターネットを通じて個人情報を間接的に収集する場合も，この規程に従って取り扱う必要がある．

2) 個人情報保護法では，間接収集については特に定められていない．この規程では，経済産業省『個人情報保護ガイドライン』に準拠して，間接収集の項目を定めている．なぜならば，営業活動などにおいて，実務上，個人情報の間接収集が行われる可能性が高いからである．

## 第5章　個人情報管理規程のモデル

### 運用上のポイント

1) 名簿業者などから入手した名簿に記載された個人情報を利用する場合には，当該名簿が特定の団体内での親睦を深めることなどを目的としていることが多いので，問題になるおそれがあることに注意する必要がある．また，他社がホームページで収集した住所，氏名，電子メールアドレスなどを利用する場合には，電子メールなどにより本人の同意を得るなどの対応が必要になる．

2) 顧客を紹介されて営業活動を行うときに，紹介者に当該顧客の電子メールアドレスなどを教えてもらう場合がある．こうした場合には，紹介者に対して，事前に当該顧客の了解を得てもらうとよい．

---

**個人情報管理規程のモデル**

### 9. 利用範囲の制限
個人情報の利用は，原則として収集目的の範囲内で行うこと．

---

### 条文の意味

1) 個人情報の利用は，収集目的以外に利用してはならない（個人情報保護法第16条を参照）．例えば，アンケート調査のために収集し，それ以外の目的には利用しないとして収集した個人情報を，営業活動のために利用してはならない．

2) 個人情報は，収集した企業が自由に利用できるのではなく，収集目的の範囲内で利用できることを忘れてはならない．企業の都合だけを優先させて，社会ルール（個人情報保護法や経済産業省『個人情報保護ガイドライン』）を無視すると，個人（顧客）の信用を得られないだけではなく，法令違反となり，ビジネス活動に大きな支障が

生じるおそれがある.

[運用上のポイント]

例えば，ホームページのアンケート調査で収集した個人情報を営業活動で利用したい場合には，あらかじめホームページにその旨を明示して，情報主体が同意のためのボタンをクリックしたうえで個人情報を収集する方法が考えられる．この場合には，本人の同意を得ているので目的外の利用には当たらない．

---

**個人情報管理規程のモデル**

**10. 目的内の利用**

個人情報の利用は，収集目的の範囲内で利用すること．具体的には，次の(1)から(6)までに掲げるいずれかの場合のみこれを行うものとする．

(1) 情報主体の同意を得た場合

(2) 情報主体が当事者である契約の準備または履行のために必要な場合

(3) 当社が従うべき法的義務のために必要な場合

(4) 情報主体の生命，健康，財産などの重大な利益を保護するために必要な場合

(5) 公共の利益の保護または当社もしくは個人情報の開示対象となる第三者の法令にもとづく権限の行使のために必要な場合

(6) 情報主体の利益を侵害しない範囲内において，当社および個人情報の開示の対象となる第三者その他の当事者の合法的な利益のために必要な場合

## 条文の意味

1) 個人情報の収集目的内での利用について定めたものである．個人情報保護法では，「個人情報取扱事業者は，あらかじめ本人の同意を得ないで，前条の規定により特定された利用目的の達成に必要な範囲を超えて，個人情報を取り扱ってはならない．」としている（第16条第1項）．収集時に本人の同意を得て，その範囲内で利用する場合，商品販売など顧客との契約を履行するために個人情報を利用する場合などは，個人情報を利用できる．

2) 個人情報保護法では，本人同意が不要な場合として，「<u>法令に基づく場合</u>」，「<u>人の生命，身体又は財産の保護</u>のために必要がある場合であって，<u>本人の同意を得ることが困難</u>であるとき．」，「<u>公衆衛生の向上又は児童の健全な育成の推進</u>のために特に必要がある場合であって，<u>本人の同意を得ることが困難</u>であるとき．」，「国の機関若しくは地方公共団体又はその委託を受けた者が<u>法令の定める事務を遂行</u>することに対して<u>協力</u>する必要がある場合であって，<u>本人の同意を得ることにより当該事務の遂行に支障を及ぼすおそれがあるとき．</u>」（以下，第16条第3項，下線は筆者）をあげている．

## 運用上のポイント

企業ではさまざまな営業活動を行うので，実務上，収集目的の範囲内の利用かどうかの判断に迷うことが少なくない．そこで，判断に迷った場合の問合せ部署や担当者を定めておくとよい．

## 5.3 個人情報管理規程(モデル)

> **個人情報管理規程のモデル**
>
> **11. 目的外の利用**
>
> 11.1 収集目的の範囲を超えた個人情報の利用は，原則として行わないこと．
>
> 11.2 収集目的を超えて個人情報の利用を行う場合または10項(1)から(6)までに掲げるいずれの場合にも当たらない個人情報の利用を行う場合においては，少なくとも7.1項では(1)から(3)までおよび(5)に掲げる事項を書面またはネットワークにより通知し，あらかじめ情報主体の同意を得，または利用より前の時点で情報主体に拒絶の機会を与えるなど，情報主体による事前の了解の下に行うものとする．

### 条文の意味

目的外の利用を禁止する条項である．個人情報保護法の第16条で定めているものであり，企業倫理上も情報主体の信頼を裏切るような行為をしてはならない．収集目的を超えて個人情報を利用する場合には，本人の同意を得るなどの手続が必要である．

### 運用上のポイント

個人情報を収集する際に，あらかじめ個人情報の利用方法について十分検討したうえで，収集目的に明示し，本人の同意を得るとよい．個人情報収集後に本人の同意を得ることは手間と時間がかかるからである．同意を得るには，電子メールによる方法などもある．

## 第5章　個人情報管理規程のモデル

　　　　個人情報管理規程のモデル

### 12. 提供範囲の制限

　個人情報の第三者への提供は，原則として収集目的の範囲内で行うものとする．

## 条文の意味

1) 自社内だけで個人情報を利用することを前提に情報主体から個人情報を収集した場合には，有償無償を問わずに第三者に対して提供してはならない．個人情報保護法では，「個人情報取扱事業者は，次に掲げる場合を除くほか，あらかじめ本人の同意を得ないで，個人データを第三者に提供してはならない．」とし，除外事項として「法令に基づく場合」，「人の生命，身体又は財産の保護のために必要がある場合であって，本人の同意を得ることが困難であるとき．」，「公衆衛生の向上又は児童の健全な育成の推進のために特に必要がある場合であって，本人の同意を得ることが困難であるとき．」，「国の機関若しくは地方公共団体又はその委託を受けた者が法令の定める事務を遂行することに対して協力する必要がある場合であって，本人の同意を得ることにより当該事務の遂行に支障を及ぼすおそれがあるとき．」をあげている（第23条第1項，下線は筆者）．

2) 個人情報は，個人情報保護法に従って取り扱うだけではなく，情報主体との信頼関係を前提に収集・利用・提供するものであり，信頼関係を裏切る行為は行わないようにすることが大切である．

## 運用上のポイント

　個人情報の外部への提供については，事前に十分に検討し，外部提供に必要な事項を収集目的に含めておくことがポイントである．収集した

後に外部提供の内容を変更することは，難しいからである．

---

**個人情報管理規程のモデル**

### 13. 目的内の提供

13.1 収集目的の範囲内での個人情報の提供は，少なくとも7.1項(1)から(3)までおよび(5)に掲げる事項を書面またはネットワークを通じて通知し，あらかじめ情報主体の同意を得，または提供より前の時点で顧客に拒絶の機会を与えるなど，情報主体による事前の了解の下に行うものとする．

13.2 ただし，次の(1)から(4)までに掲げるいずれかの場合を除く．

（1） 情報主体からの個人情報収集時に，あらかじめ当該情報の提供を予定している旨7.1項(3)に従い情報主体の同意を得ている受領者に対して提供を行う場合

（2） 提供した個人情報に関する守秘義務，再提供禁止および事故時の責任分担などの契約の締結により，個人情報に関する自己と同等の取扱いが担保されている受領者に対して提供を行う場合

（3） 受領者が当該個人情報について改めて7.1項(1)から(5)までに掲げる事項を提供し，情報主体の同意を得る措置を取ることが明白である場合

（4） 正当な事業の範囲内であって，情報主体の利益が侵害されるおそれのない提供を行う場合

---

**条文の意味**

目的内での個人情報の提供は，本人の同意を得た範囲内で行うこと．ホームページでの個人情報の収集目的の明示および同意した旨の意思表

示をするためのボタンのクリック，電子メールにより本人の同意を得る方法は，効率的で有効な方法である．

### 運用上のポイント

事後のトラブルに備えて，本人の同意を証明するために，本人の同意を得たときのホームページのコンテンツ，同意のクリックをした時のログ，本人からの回答(電子メールなど)の記録を保存しておくとよい．

---

**個人情報管理規程のモデル**

**14. 目的外の提供**

14.1 収集目的の範囲を超えた個人情報の提供は，原則として行わないものとする．

14.2 ただし，やむを得ず収集目的の範囲を超えて提供を行う場合または13.2項(1)から(4)までに掲げるいずれの場合にも当たらない個人情報の提供を行う場合においては，情報主体に対して，少なくとも個人情報の受領者に関する7.1項(1)から(3)まで，および(5)に相当する事項を書面またはネットワークにより通知し，情報主体の同意を得るものとする．この場合，7.1項(1)中「当社」は「受領者」と，同項(3)中「提供」とあるのは「再提供」と読み替えるものとする．

14.3 ただし，既に情報主体が，当該事項の通知を受け包括的な同意を与えている場合は，この限りではない．

---

### 条文の意味

1) 社内で利用するとして収集した個人情報を，他企業に販売または無償で提供しないこと．収集時に本人の同意を得ていない場合には，

新たに本人の同意を得る必要がある．
2) 個人情報保護法では，「個人情報取扱事業者は，次に掲げる場合を除くほか，あらかじめ本人の同意を得ないで，個人データを第三者に提供してはならない．」(第23条第1項)としている．

### 運用上のポイント

個人情報を収集した後に第三者に提供する個人情報の内容を変更することは大変なので，事前に提供の内容を十分に検討すべきである．また，提供内容を変更する場合には，電子メールなどで本人の同意を得る方法もある．

---

**個人情報管理規程のモデル**

**15. 個人情報の正確性確保**
　個人情報は利用目的に応じ必要な範囲内において，正確かつ最新の状態で管理するものとする．

---

### 条文の意味

1) 入力ミス，操作ミスやプログラムのバグ(欠陥)によって，個人情報が間違っていると顧客などの情報主体に迷惑をかける．例えば，顧客がインターネットで入力した個人情報が正しくシステムで処理されなければ，顧客に商品が届かない．また，顧客が代金を支払ったのに，その情報がシステムに登録されなければ，顧客に対して誤った督促を行うなどのミスが発生する．
2) 個人情報保護法では，「個人情報取扱事業者は，利用目的の達成に必要な範囲内において，個人データを正確かつ最新の内容に保つように努めなければならない．」(第19条)としている．

### 運用上のポイント

システムによるデータチェック，間違いの発生しにくい入力方法などによって，個人情報の正確性を確保することが大切である．データの入力段階でチェックする方法が有効である．

---

**個人情報管理規程のモデル**

**16. 個人情報の利用の安全性確保**

個人情報への不当なアクセスまたは個人情報の紛失，破壊，改ざん，漏えいなどの危険に対して，技術面および組織面において合理的な安全対策を講じるものとする．

---

### 条文の意味

1) 個人情報の紛失，破壊，改ざん，漏えいなどが発生すると，顧客サービスや従業員の人事管理・給与支払などができなくなったり，情報主体のプライバシーが侵害されたりする．個人情報は企業の所有物ではなく，情報主体からの「預りもの」であるという意識をもって，セキュリティの確保に努める必要がある．

2) 個人情報保護法では，「個人情報取扱事業者は，その取り扱う個人データの漏えい，滅失又はき損の防止その他の個人データの安全管理のために必要かつ適切な措置を講じなければならない．」(第20条)としている．

### 運用上のポイント

1) 個人情報の安全性を確保するためには，例えば，アクセスコントロール(パスワード，ICカードなど)，バックアップ，入出力帳票

の保護，暗号化，管理体制（管理者によるチェック），機器，媒体の管理（持ち出し，コピーの制限等）などの対策がある．
2) セキュリティ確保のためには，アクセスコントロールなどの技術的対策のほかに，管理者によるチェック，従業員教育，監査などの組織的対策も重要である．技術的な対策と管理的な対策のバランスをとり，セキュリティホールが発生しないようにすることがポイントである．

### 個人情報管理規程のモデル

**17．秘密保持に関する従事者の責務**

　個人情報の収集，利用，提供，保管，廃棄などに従事する者は，この規程および情報セキュリティに関する規程など，ならびに法令の規定に従い，個人情報の秘密保持に十分な注意を払うとともにその業務を行うものとする．

### 条文の意味

　個人情報を適切に取り扱うためには，個人情報を利用する者の責任や倫理観が不可欠である．従業員などの故意や過失による個人情報の漏えい事例は多い．個人情報を保護するためには，従業員1人ひとりが個人情報を保護しようとする意識が大切である．

### 運用上のポイント

　情報リテラシー教育やセキュリティ教育の機会を利用して，個人情報取扱者に対する定期的な教育の実施が必要である．また，就業規則に個人情報保護義務を明示する方法も，従業員の意識を高めるための1つの方法である．

## 第5章　個人情報管理規程のモデル

> 個人情報管理規程のモデル
>
> **18. 個人情報の委託処理に関する事項**
>
> 　情報処理や業務処理を外部委託するなどのため個人情報を外部に預託する場合においては，十分な個人情報の保護水準を確保している外部委託先を選定する．また，契約などの法律行為により，管理者の指示の遵守，個人情報に関する秘密の保持，再提供の禁止および事故時の責任分担などを担保するとともに，当該契約書などの書面または電磁的記録を個人情報の保有期間にわたり保存するものとする．

### 条文の意味

1) 多くの企業でシステム開発や運用，さまざまな業務処理などを外部に委託(アウトソーシング)している．アウトソーシングでは自社の個人情報にかかわるシステム処理や業務処理を外部企業が行うことになるので，アウトソーシング先における個人情報保護が不可欠になる．なお，アウトソーシング先の選定に際しては，アクセスコントロール，記録媒体の管理，管理者のチェック体制，バックアップ，監査などのセキュリティ対策の水準を評価する．プライバシーマーク(http://www.privacymark.jp/ を参照)の付与状況なども参考にするとよい．なお，情報サービス・調査業を中心に，学習塾，印刷業，労働者派遣業，医療業など596社がプライバシーマークの付与を受けている(2003年10月14日現在)．

2) 個人情報保護法では，「個人情報取扱事業者は，個人データの取扱いの全部又は一部を委託する場合は，その取扱いを委託された個人データの安全管理が図られるよう，委託を受けた者に対する必要かつ適切な監督を行わなければならない．」(第22条)としている．

## 運用上のポイント

1) 外部委託に際しては，契約を締結して義務および責任などを明確にすることがポイントである．委託先に対して立入検査が行えるように，可能ならば監査権（検査権）を盛り込んだ契約にするとよい．契約書は，次の項目を参考にして各社の状況に応じた内容にするとよい．

    ⅰ) 秘密保持
    ⅱ) 損害賠償
    ⅲ) 事故，障害などの報告（発生のおそれがある場合も含む）
    ⅳ) 目的外使用の禁止
    ⅴ) 取扱者，取扱場所，取扱時間などの限定
    ⅵ) 監査権（立入検査，文書などの査閲，インタビューなど）
    ⅶ) 連絡，管理体制
    ⅷ) プライバシーマークの付与認定，ISMSの認証取得

2) 委託先での個人情報保護を確かなものとするためには，個人情報の管理状況をチェックする必要がある．自社の監査部門などと協力して，監査を行うとよい．

3) この他に，第三者による監査結果（報告書）を利用して，個人情報の取扱状況を評価する方法もある．プライバシーマークを付与されている事業者では，定期的な監査が義務づけられているので，プライバシーマークの付与を受け，継続して更新していれば，一定レベルの個人情報保護が確保されているとみなすこともできよう．

### 第5章　個人情報管理規程のモデル

>個人情報管理規程のモデル
>
>**19. 情報主体の権利**
>
>　情報主体から自己の情報について開示を求められた場合には，原則として合理的な期間内にこれに応じる．また，開示の結果，誤った情報があった場合で，訂正，削除または利用停止を求められた場合には，原則として合理的な期間内にこれに応じるとともに，訂正または削除を行った場合には，可能な範囲内で当該個人情報の受領者に対して通知を行うものとする．

条文の意味

1) プライバシー権とは，自己の情報をコントロールする権利であるといわれる．ここでは，情報主体の自己の情報に関する権利を明確にしている．情報主体から自己の情報について開示請求があった場合や，開示した情報の内容に誤りがあり，その訂正を求められた場合には，これに応じる必要がある．なお，個人情報保護法では「開示等の求め」としており，「権利」としてはいない．このモデル規程では，個人情報保護ガイドラインおよびJIS Q 15001に準じた規程としている．

2) 個人情報保護法では，「個人情報取扱事業者は，本人から，当該本人が識別される保有個人データの開示（当該本人が識別される保有個人データが存在しないときにその旨を知らせることを含む．以下同じ．）を求められたときは，<u>本人に対し，政令で定める方法により，遅滞なく，当該保有個人データを開示しなければならない．</u>」（第25条第1項，下線は筆者）としている．なお，個人データの全部または一部を開示しないことができる場合として，「本人又は第三者の<u>生命，身体，財産</u>その他の権利利益を害するおそれがある場

合」,「当該個人情報取扱事業者の業務の適正な実施に著しい支障を及ぼすおそれがある場合」,「他の法令に違反することになる場合」を定めている.

### 運用上のポイント

本人からの開示要求に適切に応じられる体制も整備しておかなければならない.開示等の求めに応じる手続は,個人情報保護法第29条で定められているが具体的な内容までは明示されていない.実務上は,対応窓口,開示請求の手続,開示の方法などの検討が必要になる.

---

**個人情報管理規程のモデル**

**20. 情報主体からの自己情報の利用停止などへの対応**

20.1 当社が既に保有している個人情報について,情報主体から自己の情報についての利用停止などを求められた場合は,これに応じるものとする.

20.2 ただし,公共の利益の保護,または当社もしくは個人情報の開示対象となる第三者の法令にもとづく権利の行使または義務の履行のために必要な場合については,この限りではない.

---

### 条文の意味

1) 情報主体の自己情報の利用および提供に関する権利について明確にしている.例えば,本人から商品やイベント開催案内などの送付を止めてもらいたいとの申し出があったら,これに応じなければならない.

2) 本人から代金を回収するために必要な本人の氏名・住所などの情報を削除するというような本人からの要求は,契約を履行するうえ

で必要であり，このような場合には要求に応じる必要はないと考えられる．

### 運用上のポイント

1) 情報主体からの自己情報の利用停止などに対応するためには，対応窓口，責任者および担当者などの体制を整備しておくことが大切である．
2) 本人に電子メールで商品やイベントの案内を送付している場合には，例えば電子メールのなかに「今後案内の送付が不要な場合には，連絡してください」というように本人が拒否できるように配慮する方法が考えられる．

---

**個人情報管理規程のモデル**

### 21．個人情報の管理責任者

21.1　個人情報管理責任者は，○○とする．

21.2　個人情報管理責任者は，この規程に定められた事項を理解し，および遵守するとともに，個人情報取扱者にこれを理解させ，および遵守するための教育訓練，関連規程の整備，安全対策の実施ならびに実践遵守計画の策定および周知徹底などの措置を実施する責任を負うものとする．

---

### 条文の意味

個人情報の管理責任者は，役員にするとよい．役員を責任者にすれば，企業が個人情報保護を大切にしているという姿勢が明確になる．また，個人情報管理責任者の責務は，セキュリティ教育，セキュリティ対策，コンプライアンス・プログラム（実践遵守計画）の策定など必要な対応を

行い，この規程を企業全体で遵守することとしている．

なお，企業によっては，プライバシー担当役員(CPO：Chief Privacy Officer)を設置している場合もある．

### 運用上のポイント

大きな組織の場合には，管理体制を図示して，管理責任および義務を明確にする必要がある．このような体制図は，人事異動や組織改編のときに忘れずに変更することがポイントである．

# 第6章

# 個人情報取扱マニュアルのモデル

プライバシーポリシーや個人情報管理規程を読んだだけでは，営業部門やシステム部門などで個人情報を取り扱う者が，自分はどうすればよいのかがわかりにくい．そこで，個人情報の具体的な取扱いについて示した個人情報取扱マニュアルが必要になる．ここでは，営業，経理，人事などの業務に分けて，個人情報の取扱いについて定めた個人情報取扱マニュアルのモデルを紹介する．

なお，各社でマニュアルを作成する際には，業種，事業活動，情報システム化の状況などを考慮して，適宜修正していただきたい．

# 第6章 個人情報取扱マニュアルのモデル

## 6.1 個人情報取扱マニュアルの必要性

　個人情報保護のベースとなるものは個人情報保護法，JIS Q 15001，個人情報保護ガイドラインなどであるが，これらの法令・ガイドラインは，個人情報のライフサイクル，つまり，個人情報の収集，利用・提供，保管という一連の流れに沿って遵守すべき事項が定められている．しかし，実際に個人情報の取扱者にとっては，自分が何をすればよいのかがわかりにくくなっている．なぜならば，ビジネス活動では，個人情報を収集，利用・提供，保管という個人情報のライフサイクルの段階ごとに取り扱うのではなく，営業，経理，人事などの業務ごとに個人情報を取り扱うことが多いからである．つまり，個人情報保護に関する法令，条例，ガイドラインは，営業担当者や経理担当者などにとって，自分がどのように取り扱えばよいのかがよくわからない構成になっているという弱点をもっている．

　そこで，企業が実際に個人情報保護を適切に運用するためには，自社のビジネス活動に沿ったマニュアルを整備する必要がある．顧客と接する第一線の担当者および管理者にとって，どのように個人情報を保護し，ビジネス活動に利用すればよいのかを示した個人情報取扱マニュアルを作成することが重要である．

　ここでは，個人情報保護マニュアルのモデルを紹介する．実際にマニュアルを作成する際には，業種，事業活動，情報システム化の状況，法令，JIS Q 15001の動向などを考慮して，適宜修正し利用していただきたい．

## 6.2 個人情報取扱マニュアル(モデル)

Ⅰ. 総則 ……………………………………………………… 127
  1. 目的 …………………………………………………… 127
  2. 本マニュアルの適用範囲 …………………………… 127
    2.1　個人情報の範囲
    2.2　マニュアルの適用範囲
    2.3　個人情報保護の体制
    2.4　教育
    2.5　監査
Ⅱ. 具体的な取扱事項 ……………………………………… 129
  1. 営業部門 ……………………………………………… 129
    1.1　営業活動での遵守事項
    1.2　店頭販売時・訪問販売時の遵守事項
    1.3　情報機器に関する遵守事項
    1.4　開示請求への対応に関する遵守事項
    1.5　営業スタッフの遵守事項
  2. 物流部門 ……………………………………………… 132
    2.1　配送時の遵守事項
    2.2　物流管理
  3. 製造部門 ……………………………………………… 133
    3.1　受注生産
  4. 購買・資材部門 ……………………………………… 133
    4.1　取引先管理
    4.2　問い合わせ対応
  5. 経理部門 ……………………………………………… 134

5.1　入金等に関する情報
　　　5.2　経理関係帳票の管理
　6. 人事部門 ………………………………………… 135
　　　6.1　社員などの情報
　　　6.2　採用に関する個人情報
　7. 総務部門 ………………………………………… 136
　　　7.1　株主情報
　　　7.2　建物管理
　8. ネットビジネス部門 …………………………… 137
　　　8.1　Webサイトでの遵守事項
　　　8.2　データベース管理
　　　8.3　通信管理
　　　8.4　開示請求，訂正・削除
　　　8.5　電子メールによる顧客セールス
　9. システム部門 …………………………………… 139
　　　9.1　システムの企画・開発
　　　9.2　運用部門

注）各数字は本書の該当ページ．

## 個人情報取扱マニュアルのモデル

# Ⅰ. 総　則

## 1. 目　的

本マニュアルは，プライバシーポリシーおよび個人情報管理規程に従って，個人情報の保護および利用を適正に行うために必要な取扱事項を定める．

## 2. 本マニュアルの適用範囲

### 2.1 個人情報の範囲

次のような顧客，取引先，従業員などの個人に関する情報を対象とする．情報システムで取扱う個人情報のほかに，マニュアル作業で取扱う個人情報も含む．

① 事実情報
  a．本人に関する情報（氏名，住所，生年月日，電話番号，電子メールアドレス，趣味，嗜好，年収，財産，銀行口座番号，学歴，結婚の有無など）
  b．本人の家族などに関する情報（氏名，生年月日，住所，同居の有無，電話番号など）
  c．取引に関する情報（購入商品・サービス，購入日，支払方法，未収の有無・内容など）
② 評価情報
  a．顧客の評価に関する情報（購入見込，取引状況のランクなど）
  b．成績査定情報（従業員など）

### 第6章 個人情報取扱マニュアルのモデル

**図表6.1** 個人情報保護体制

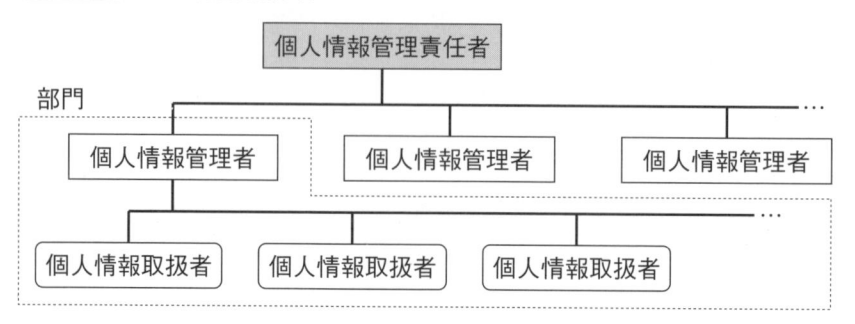

```
                    個人情報管理責任者
部門    ┌──────────────┼──────────────┐    …
    個人情報管理者   個人情報管理者   個人情報管理者
    ┌────┬────┐                              …
  個人情報  個人情報  個人情報
  取扱者   取扱者   取扱者
```

---

**個人情報取扱マニュアルのモデル**

### 2.2 マニュアルの適用範囲

当社の業務で取扱う個人情報について，適用する．定例的な事業活動のほかに，アンケート調査などで一時的に収集・利用する個人情報の取扱いについても適用する．

### 2.3 個人情報保護の体制

① 個人情報管理責任者

当社の個人情報保護に関する責任者は，○○とする．個人情報管理責任者は，当社全体における個人情報の保護および利用に関する責任および権限をもつ(図表6.1参照)．

② 個人情報管理者

各部門に個人情報保護に関する管理者を置く．個人情報管理者は，各部門における個人情報の保護および利用に関する管理を行う．

③ 個人情報取扱者

個人情報を取扱う者を個人情報取扱者という．個人情報取扱者は，個人情報管理者および個人情報管理責任者の指示を受けて，プライバシーポリシー，個人情報管理規程，個人情報取扱マニュアルに従って，個人情報を取扱わなければならない．

## 個人情報取扱マニュアルのモデル

### 2.4 教育

① 個人情報管理責任者および個人情報管理者は，個人情報取扱者に対して，個人情報の保護および利用に関する教育を定期的に実施すること．

② 個人情報取扱者は，個人情報の保護および利用に関する教育を定期的に受けなければならない．

### 2.5 監査

① 個人情報管理責任者，個人情報管理者および個人情報取扱者は，個人情報の保護および利用に関して，定期的な監査を受けなければならない．

② 個人情報の保護および利用に関する監査は，監査部が実施する．

## Ⅱ．具体的な取扱事項

### 1．営業部門

　営業部門の管理者および営業担当者は，個人情報の取扱いに際して，次の事項を遵守すること．

#### 1.1 営業活動での遵守事項

① 収集する目的を明確にすること

　個人情報を収集する場合には，当社の事業活動のために利用し，それ以外の目的には利用しないことなどを明確にすること．

② 収集する目的を偽らないこと

　「当社の商品（またはサービス）に対する意見を聞くだけです」といって収集した個人情報を営業目的（DM発送，勧誘電話など）に利

### 個人情報取扱マニュアルのモデル

用しないこと．
③ 適正・公平な方法で収集すること
　社名や部署名などを偽って個人情報を収集してはならない．
④ 本人以外の者から個人情報を収集する場合には注意すること
　隣人などから顧客に関する個人情報を収集する場合には，当該本人の了解が必要になるので注意すること．
⑤ 収集した個人情報を適切に管理すること
　個人情報を記録した申込書，伝票，メモなどが紛失しないように適切に管理すること．
⑥ パンフレットなどに個人情報を利用する場合には，本人の了解を得ること
　パンフレットなどに個人顧客の紹介記事・写真などを掲載する場合には，事前に本人の了解を得る必要がある．トラブルの発生などに備えて，書面による了解を得ておくことが望ましい．

#### 1.2　店頭販売時・訪問販売時の遵守事項

① 購入申込書などに個人情報を記入していただく場合には，収集目的などを示すこと
　購入申込書などに記載された個人情報保護に関する説明文（プライバシーポリシー）を示すこと．
② 顧客の個人情報が他の顧客に見られないように配慮すること
　カウンターなどで顧客に隣り合わせに座っていただいて対応する場合には，仕切りを設けるなど注意すること．
③ 個人情報保護について質問を受けた場合には，プライバシーポリシーを示して説明すること
④ なお，訪問販売法などの規定についても遵守すること

## 6.2 個人情報取扱マニュアル（モデル）

> 個人情報取扱マニュアルのモデル

### 1.3 情報機器に関する遵守事項

① 情報機器および媒体の紛失・盗難が発生しないように管理すること

モバイル機器のように事務所外に持ち歩くものは，特に注意が必要である．

② パスワードの管理を適切に行うこと

パスワードの貸し借り，誕生日，電話番号，「1111」，「1234」のような推測しやすいパスワードは利用しないこと．また，定期的にパスワードを変更し，パスワードをメモに書いて貼付したりしないこと．

### 1.4 開示請求への対応に関する遵守事項

① 顧客からの個人情報について開示請求を受けた場合には，個人情報管理者に引継ぐこと

開示請求については，本人確認の問題や開示する情報に関して注意が必要なので，個人情報管理者が一元的に取扱う．

② 端末などを操作して直接個人情報の内容を開示してはならない

端末の画面には，他人の個人情報が表示されたり，社内情報（例えば，お客様に対する評価情報）が表示されたりすることがあるので，注意が必要である．

### 1.5 営業スタッフの遵守事項

① 営業スタッフは，営業管理，マーケティングなどの業務遂行以外の目的に個人情報を提供してはならない

収集目的を逸脱した個人情報の利用は，個人情報保護法違反になるおそれがあるので，注意が必要である．

② 個人情報が記載された資料，フロッピーディスク，MOディスクなどを整理し，適切に保管すること

> 個人情報取扱マニュアルのモデル

　帳票や媒体を机上に放置したり，またはプリンターで出力したままにしたりすると，紛失や情報流出のおそれがあるので注意すること．

## 2. 物流部門

　物流部門の管理者および担当者は，個人情報の取扱いに際して次の事項を遵守しなければならない．

### 2.1　配送時の遵守事項

① 当社の商品を顧客に配送する場合には，商品内容などが第三者に漏れないように配慮すること

　商品内容，送り主の氏名などについては，個人情報に該当するおそれがあるので，注意すること．例えば，顧客以外の者から配達した商品の内容について聞かれても，答えないように注意すること．

② 顧客が不在の場合には，再訪すること

　隣家などに商品を預けると個人情報に関するトラブルになるおそれがあるので注意すること．

③ 配送作業中に配送先リスト，モバイルコンピュータなどを紛失・盗難しないように管理すること

　車中においてある配送先リスト，モバイルコンピュータなどの紛失や盗難に遭わないようにするため，車両を離れるときは，施錠するなど管理を適切に行うこと．また，車上狙いに備えて，パソコンなどが目立たないようにすること．

### 2.2　物流管理

① 配送情報が記載されたリスト，記録媒体などの管理を適切に行うこと

## 6.2 個人情報取扱マニュアル(モデル)

> **個人情報取扱マニュアルのモデル**
>
> 配送情報には，住所，氏名，電話番号などの個人情報が含まれるので取扱いには注意が必要である．
>
> ② 配送情報は，最新の状態にすること
>
> 配送先の変更や入力ミスの訂正などを速やかに処理し，最新の状態にすること．
>
> ③ 配送の委託業者に関する情報の管理も適切に行うこと
>
> 配送の委託業者についても，個人事業者の場合には個人情報保護の対象となるので注意すること．
>
> ## 3. 製造部門
>
> 製造部門の管理者および担当者は，個人情報の取扱いについて，次の事項を遵守すること．
>
> ### 3.1 受注生産
>
> ① 顧客の要望に応じて生産を行う場合には，その内容が外部に漏れないように注意すること
>
> 受注生産している内容を業務上必要のない者には，話さないこと．
>
> ## 4. 購買・資材部門
>
> 購買・資材部門の管理者および担当者は，個人情報の取扱いについて，次の事項を遵守すること．購買・資材の取引先のうち，法人については本マニュアルの対象ではないが，これに準じて取扱うこと．
>
> ### 4.1 取引先管理
>
> ① 資材，機材の調達先に関する情報を第三者に提供しないこと
>
> 調達先が個人事業者の場合には，個人情報保護の対象に該当する

**個人情報取扱マニュアルのモデル**

ので注意すること．住所・氏名・電話番号のほかに取引銀行，経営状況・当社との取引状況に関する評価なども対象となる．

### 4.2 問合せ対応
① 取引先からの問合せへの対応を慎重に行うこと

取引内容について，決められた担当者以外の者から問合せがあった場合には，折り返し回答するなどの配慮をすること．特になりすましによる問合せに注意すること（取引先や自社の幹部などになりすまして情報を収集するソーシャルエンジニアリングとよばれる技法があるので注意すること）．

## 5. 経 理 部 門

経理部門の管理者および担当者は，個人情報の取扱いについて，次の事項を遵守すること．

### 5.1 入金などに関する情報
① 顧客からの代金などの収入情報は，関係者以外の目に触れないように取扱うこと

特に，未収代金などに関する情報については，紛失・漏えいなどが発生しないように注意すること．

### 5.2 経理関係帳票の管理
① 売上元帳，売掛金元帳，仕入元帳，買掛金元帳など個人情報が記載されている帳簿などについて適切な管理を行うこと

机上に放置したりしないこと．電子帳票システムを利用している場合には，アクセス管理機能を適切に使うこと．

② 紛失，情報漏えいなどが起こらないように，所定の場所に保管すること

## 6.2 個人情報取扱マニュアル（モデル）

> **個人情報取扱マニュアルのモデル**
>
> 　個人情報が記載されたリストなどを廃棄する場合には，シュレッダーなどで裁断し，情報が漏えいしないようにすること．個人情報が記載されたリストなどをそのままごみ箱に捨てるようなことが絶対にないように注意すること．
>
> ### 6. 人事部門
>
> 　人事部門の管理者および担当者は，個人情報の取扱いについて，次の事項を遵守すること．人事部門で管理すべき対象となる個人情報は，主として従業員，パート，アルバイト，派遣労働者などのほかに，採用試験の応募者の個人情報が対象となる．
>
> #### 6.1 社員などの情報
>
> ① 役員および社員情報は，業務上必要のない者への開示および業務以外での利用をしてはならない
>
> 　社員番号，氏名，住所，家族構成，扶養家族，資格・職位，成績査定，異動記録，健康診断の結果などの情報は，権限のない者には開示しない仕組みを講じて，運用すること．
>
> 　人事情報システムにおけるアクセスコントロールなどで対応すること．
>
> ② パート・アルバイト・派遣社員の情報は，業務上必要のない者に開示・利用してはならない
>
> 　パートなどの氏名，住所などの個人情報のほかに，履歴書などの書類の管理も適切に行うこと．
>
> #### 6.2 採用に関する個人情報
>
> ① 当社の採用試験に応募した者の情報は，漏えいなどが起こらないように管理すること

> 個人情報取扱マニュアルのモデル

応募者の履歴書，システム入力したデータなどが対象となる．キャビネットなどに施錠保管すること．
② 応募者の情報は，必要がなくなったら本人に返却，またはシュレッダーなどによって廃棄処分すること
③ 採用業務の過程で作成したコピー，一覧表，データベースなどについても裁断，消去などを行って情報が漏れないように廃棄すること

## 7. 総務部門

総務部門の管理者および担当者は，株主情報，建物管理（清掃，警備など）に関して，次の事項を遵守すること．

### 7.1 株主情報

① 株主情報については，個人株主に関する情報が含まれるので，個人情報保護の視点からも適切に取扱うこと．また，業務上必要のない者へは開示しないこと

株主情報は，企業にとって重要な情報である．株主名簿や株主情報が社外に流出しないように厳重に管理する必要がある．

② 株主情報は，常に正確で最新の状態にしておくこと

株主情報は，株主を確定するために重要な情報であるので，正確性および最新性を確保しなければなならない．

### 7.2 建物管理

① 部外者が入館・入室しないように建物の入退館・入退室管理を適切に行うこと

セキュリティシステムの設置，施錠管理，監視カメラの設置，警備員の配備・巡回などによって，権限のない者が入館・入室しないように管理すること．また，退室・退館管理も合わせて行うと効果

> 個人情報取扱マニュアルのモデル

が高まる．
② 建物清掃，警備などの委託先は信頼のできる事業者を選定し，委託に際しては秘密保持条項などを盛り込んだ契約を締結すること

　清掃員，警備員は，委託した業務を遂行するために社内の重要な場所に立ち入ることがあるので，注意が必要である．
③ 特に重要なエリアについては，清掃および警備などを外部に委託してはならない

　重要エリアの清掃および警備は，セキュリティ確保のために社員が自ら行うこと．

## 8. ネットビジネス部門

　ネットビジネス部門の管理者および担当者は，個人情報の取扱いについて，次の事項を遵守すること．

### 8.1　Webサイトでの遵守事項

① Webサイトには，プライバシーポリシーを明示すること

　収集目的の明確化などのために，プライバシーポリシーをホームページ上に明示すること．

② アクセスコントロール機能を備えること

　本人以外の者がアクセスができないようにアクセスコントロール機能を備え付けること．

③ パスワード管理を適切に行うこと

　本人以外の者にパスワードが開示，漏えいしないように慎重に取扱うこと．

④ ファイアウォールの構築・運用を適切に行うこと

　不正アクセスを防止するためにファイアウォールを構築し，セキ

ユリティホールに関する情報を収集して常に適切なセキュリティレベルを確保するようにすること．

⑤ 暗号化を行うこと

個人情報をWebサイトで収集する場合には，暗号化を行い個人情報の流出などを防止すること．

⑥ 個人情報データベースの保護対策を行うこと

不正アクセスから個人情報を保護するために，Webサーバ上に個人情報データベースを構築せずに，ファイアウォールの内側に構築すること．

### 8.2 データベース管理

① 個人情報を含むデータベースは，業務上必要のない者がアクセスできないようにすること

権限のない者によって個人情報の覗き見が行われたり，漏えいしたりしないようにアクセスコントロールを行う必要がある．

② データベースは，最新かつ正確な状態にしておくこと

ネットビジネスでは個人情報がビジネスのカギとなるので，常に最新性・正確性の確保に努める必要がある．

### 8.3 通信管理

① 個人情報の通信途上での漏えいなどを防止するために，暗号化など適切なセキュリティ対策を講じること

インターネット上で情報を送受信することは，情報漏えい・改ざんなどのリスクがあるので，暗号化などによってこのようなリスクを低減すること．

### 8.4 開示請求，訂正・削除

① 本人からの開示請求があった場合には，個人情報管理責任者に連絡

> 個人情報取扱マニュアルのモデル

すること

開示請求に対しては，通常の問合せ対応と異なり，より慎重な対応が必要なので，個人情報管理責任者に連絡すること．

### 8.5 電子メールによる顧客セールス

① 電子メールの誤送信などが発生しないように注意すること

電子メールを送信する場合には，電子メールアドレスを確認し，誤送信したり，他者の電子メールアドレスが流出したりしないように注意すること．

② 個人顧客に対して電子メールで営業を行う場合には，個人顧客が拒否する場合の方法を明示すること

新商品・新サービスなどの情報提供を電子メールで行う場合には，顧客が途中でそれを取りやめることができるように連絡先・連絡方法(電子メールアドレスなど)を明示しておくこと．顧客の要望が変わることもあるので，このような対応も必要である．

システム部門の管理者および担当者は，個人情報の取扱いについて，次の事項を尊守すること．

## 9. システム部門

### 9.1 システムの企画・開発

① 個人情報を取扱うシステムを開発する場合には，収集目的の明確化，本人同意を得る方法も合わせて検討すること

システムの企画・開発時には，情報活用についての検討だけではなく，情報収集の方法の適切性・適法性や，収集目的の明確化などについても検討すること．

② 情報主体の立場に立ったアクセスコントロールを検討すること

> **個人情報取扱マニュアルのモデル**
>
> 　個人顧客がシステムを利用する場合には，本人以外の第三者がアクセスできないようなアクセスコントロールを考える必要がある．特に Web システムを構築する場合には，顧客本人が Web サイトにアクセスして，自己の取引内容を照会する場合もあるので，アクセスコントロールについて配慮すること．
>
> 　なお，イントラネットを利用して従業員の給与明細や人事関係情報を提供する場合には，従業員の個人情報を保護するためのアクセスコントロールを講じること．
>
> ③　開発時のテストデータに本番の個人情報データベースを用いないこと
>
> 　テスト環境では，本番の個人情報データベースを使用してはならない．個人情報の漏えいを防止するためである．また，やむを得ず本番データをテストデータに利用する場合には，個人を識別できないように加工すること．
>
> ④　個人情報が記載された印刷物を顧客などに送付する場合には，封書や目隠しシールなどによる方法で個人情報が漏えいしないようにすること
>
> 　個人情報が外から見えないようにするために，封書での送付や目隠しシールの貼付などの方法を検討すること．銀行口座番号などの重要なデータについては，電子メールではなくて，封書や目隠しシールの貼付などの方法をとること．
>
> ⑤　システム開発の一部またはすべてを外部に委託する場合には，秘密保持契約を事前に締結すること
>
> 　外部委託の場合には，個人情報が，業務上，委託先従業員の目に触れることがあるので，業務委託に先立って守秘義務を明確にした

> **個人情報取扱マニュアルのモデル**
>
> 契約を締結しておく必要がある．このような契約には，可能な限り当社の検査権を留保しておくとよい．
>
> ⑥ 業務上必要がないのに個人情報データベースにアクセスしてはならない
>
> 個人情報データベースにアクセスする権限を有していても，業務上の必要性がない場合にはむやみにアクセスしないように，システム開発担当者の意識を高める必要がある．情報技術に精通したものは，特に個人情報保護に対する高い倫理意識が求められる．
>
> ## 9.2 運用部門
>
> ① アクセスコントロールソフトウェアによって，業務上必要のない者が個人情報にアクセスできないようにすること
>
> 個人情報保護の基本は，アクセスコントロールであり，それを実現するための基本的なツールはアクセスコントロールソフトウェアである．
>
> ② システム処理は可能な限り自動化しオペレーターの介在を減らすこと
>
> 個人情報への不正なアクセスを防止するためには，可能な限り人間の介在を減少させるとよい．
>
> ③ ミスプリントについては，個人情報の漏えいを防止するために適切な廃棄処理を行うこと
>
> リサイクル業者に委託してミスプリント用紙を溶解処理する方法がある．この場合には，委託契約に守秘義務などを盛り込んだり，社員が立ち会ったりすること．
>
> ④ 運用業務を外部に委託する場合には，信頼性を十分に評価して，事前に守秘義務契約を締結すること

## 個人情報取扱マニュアルのモデル

　システム企画・開発業務と異なり，システム運用を継続して委託することが一般的である．また，本番の個人情報データベースにアクセスしたり，プリント作業中に個人情報に接したりする機会がある．したがって，業者選定，守秘義務契約，委託先の従事者に対する教育などが重要になる．

⑤　メールサーバの管理に際して，保守作業など業務上必要な場合を除いて個人情報を見てはならない．また，個人情報の内容を第三者に漏らしてはならない

　メールサーバのメンテナンスを担当する者は，メールの内容を見読することが可能であるが，これらの者の責任を明確にしておく必要がある．作業者を複数にすることによって情報を保護することや作業記録の保存についても検討すること．

⑥　メールサーバ上のメールを検査する際には，個人情報管理責任者の事前の承諾を得たうえで，認められた範囲内で行うこと

　企業秘密の保持などセキュリティ上の理由から電子メールの内容をチェックする場合が考えられるが，このようなチェックは，個人情報管理責任者の承認を得る必要がある．また，作業者は複数にし，チェック範囲を限定(期間，対象者，対象部門など)するなどの対応をとる必要がある．

# 第7章

# プライバシーリスクのセキュリティ対策

　プライバシーリスクを低減するためには，リスクをコントロールするための対策，つまりセキュリティ対策が必要である．本章では，セキュリティ対策を機能と形態の視点から整理して説明する．具体的には，機能面(予防対策，発見対策，復旧対策)，と形態面(物理的対策，論理的対策，管理的対策)の2つの視点から，セキュリティ対策を解説する．また，個人情報の収集，利用，提供，保管，廃棄といったライフサイクルの段階ごとに，セキュリティ対策を実効性の高いものにするための留意点についても説明する．

## 7.1 個人情報のライフサイクルからみたセキュリティ対策

プライバシーリスク(個人情報保護を適切に行えないリスク)を低減するためには,セキュリティ対策が必要になる.プライバシーリスクのセキュリティ対策は,その機能や形態から次のように整理できる.

1) 機能からみた分類
    - 予防対策
    - 発見対策
    - 回復対策
2) 形態からみた分類
    - 物理的対策
    - 論理的対策(技術的対策)
    - 管理的対策

セキュリティ対策の検討に際しては,これらの分類を踏まえて,セキュリティ対策のマトリックスを考えてバランスのとれた対策を講じることが重要である.また,セキュリティ対策は,前述のようにプライバシーリスクを分析・評価したうえで,これに対してどのような対応をとるのか,つまり,セキュリティ対策を講じるのか,リスクテイク(リスクの受容)するのかを考えることになる.

### 7.1.1 個人情報の収集における対策

個人情報の収集時におけるプライバシーリスクとセキュリティ対策には,例えば,次のようなものが考えられる.

(1) 収集目的を明確にしないリスク

営業担当者やインターネットを通じて営業活動を行う際には,収集目的(個人情報保護法では利用目的)を明示しなかったために情報主体と

## 7.1 個人情報のライフサイクルからみたセキュリティ対策

**図表7.1** セキュリティ対策(例1)

| リスク項目：収集目的を明確にしないリスク | | | |
|---|---|---|---|
| | 予防対策 | 発見対策 | 回復対策 |
| 物理的対策 | ●商品の購入申込書などに事前に収集目的などを記載<br>など | — | — |
| 論理的対策 | ●ホームページなどに収集目的の掲示<br>●端末画面に収集目的の通知を促すメッセージの表示<br>●システム開発マニュアルへ収集目的を明示することを記載<br>など | — | — |
| 管理的対策 | ●取扱者に対する定期的な教育の実施<br>●イントラネットを利用した教育の実施，実施結果のシステム的なフォローの組込み<br>など | ●ホームページのコンテンツの定期的なチェック<br>●説明の実施についてのチェックリストの作成と，それにもとづくチェック<br>●管理者による申込書・発注伝票への収集目的の記載状況のチェック<br>など | ●電子メール，電話などによるフォロー体制の確立<br>●管理者の責任の明確化<br>●フォロー記録の作成<br>など |

トラブルになるリスクが考えられる．こうしたリスクに対しては，図表7.1に示すようなセキュリティ対策がある．

### (2) 収集時に本人の同意を得ないリスク

収集時に本人の同意を得なかったり，得たことの記録を残さなかった

第7章 プライバシーリスクのセキュリティ対策

りしてトラブルになるリスクがある.

このようなリスクに対しては,商品などの購入申込書に顧客の署名や捺印をもらう対策が考えられる.収集する個人情報の項目と,情報主体に及ぼす損失,業務上の負担などを総合的に勘案して,どこまで厳格な対策を講じる必要があるかを検討する必要がある.例えば,多項目にわたる個人情報を収集する場合には,署名をもらったり,ホームページ上に確認の画面を表示し同意をもらったりするなどの対策がある(図表7.2参照).

**図表7.2** セキュリティ対策(例2)

| | 予防対策 | 発見対策 | 回復対策 |
|---|---|---|---|
| リスク項目:収集時に本人の同意を得ないリスク ||||
| 物理的対策 | ●商品の購入申込書などへの本人同意の署名または捺印 など | — | — |
| 論理的対策 | ●ホームページに本人同意の確認をとる機能の組込み<br>●電子メールで本人同意を得る仕組みの組込み<br>など | ●本人同意のログの定期的なチェック など | — |
| 管理的対策 | ●取扱者に対する定期的な教育の実施<br>●イントラネットを利用した教育の実施,実施結果のシステム的なフォロー組込み<br>など | ●ホームページ,電子メールによる本人同意の受領状況に関する管理者のチェック<br>●お客様の署名・押印の管理者によるチェック<br>など | ●電子メール,電話などによるフォロー体制の確立<br>●管理者の責任の明確化<br>●フォロー記録の作成<br>など |

7.1 個人情報のライフサイクルからみたセキュリティ対策

### (3) 収集時の個人情報の紛失・漏えいリスク

例えば，Webサイトで個人情報を収集するようなビジネスモデルの場合には，当該サイトに対する不正アクセスによって，個人情報が第三者に漏えいするリスクがある．また，個人情報を記入した伝票や書類を

**図表7.3** セキュリティ対策（例3）

| リスク項目：収集時の個人情報の紛失・漏えいリスク ||||
|---|---|---|---|
| | 予防対策 | 発見対策 | 回復対策 |
| 物理的対策 | ●情報機器，媒体の施錠保管など<br>●車両内への放置の禁止<br>など | ●盗難発見装置の導入<br>など | ●紛失端末，データなどのバックアップ<br>など |
| 論理的対策 | ●ユーザーID，パスワードなどによるアクセス管理<br>●情報機器，記録媒体に保存されたデータの暗号化<br>●個人情報の画面への表示方法の工夫（他者の情報が見られないような機能）<br>●ファイアウォールなどの不正アクセス対策<br>など | ●アクセスログのチェック<br>●不正アクセスのモニタリング<br>など | ― |
| 管理的対策 | ●取扱者に対する定期的な教育の実施<br>など | ●管理者による情報機器，記録媒体の利用状況のチェック<br>など | ●事故などの発生時における連絡体制の確立<br>●情報機器，記録媒体の管理者の明確化<br>など |

第7章 プライバシーリスクのセキュリティ対策

紛失して，個人情報が流出するリスクがある．このようなリスクに対しては，ファイアウォールの適切な構築や運用管理による対策が必要である（図表7.3参照）．

### （4） 収集情報の誤謬などのリスク

収集した個人情報に誤りがあったり，内容が古かったりしたためにトラブルになるリスクがある．個人情報の正確性，最新性を確保するためには，入力時のチェックや，システムによるデータチェックなどの対策がある（図表7.4参照）．Webサイトにおいて情報主体から直接個人情報を収集する場合には，本人の同意を求める機能をWebシステムに組

**図表7.4** セキュリティ対策（例4）

| リスク項目：収集情報の誤謬などのリスク | | | |
|---|---|---|---|
| | 予防対策 | 発見対策 | 回復対策 |
| 物理的対策 | ●誤謬が発生しにくい伝票様式<br>など | — | — |
| 論理的対策 | ●入力項目のデータチェック<br>●ホームページにおける確認画面の組込み<br>●操作性のよい画面の作成（特にホームページからの本人の直接入力）<br>など | ●顧客データベースとのマッチングによる誤謬発見機能<br>●誤謬発生状況の分析および原因究明<br>など | ●個人情報の訂正機能の組込み<br>●ホームページからの直接訂正画面<br>など |
| 管理的対策 | ●本人確認（氏名，住所など）の実施<br>●取扱者に対する定期的な教育の実施<br>など | ●情報主体が誤謬を発見した場合の受付体制の確立<br>など | ●誤謬発見時の訂正プロセスの整備<br>●再発防止策の検討体制<br>など |

## 7.1 個人情報のライフサイクルからみたセキュリティ対策

み込む対策がある．

### （5） 本人以外の第三者から収集して問題になるリスク

本人以外の者から本人の同意を得ずに個人情報を収集してトラブルになるリスクがある．このようなリスクに対しては，個人情報の取扱者に対して教育を徹底する対策が必要である．また，第三者から情報を収集することの制限，本人の同意を得るプロセスを業務に組み込むなどの対

**図表7.5** セキュリティ対策（例5）

| リスク項目：本人以外の第三者から収集して問題になるリスク ||||
|---|---|---|---|
| | 予防対策 | 発見対策 | 回復対策 |
| 物理的対策 | ●直接収集か間接収集かが明確にわかる誤謬の発生しないような伝票様式など | ― | ― |
| 論理的対策 | ●ホームページで間接収集を行う場合，本人同意の確認画面の組込み<br>●市販データベースなどからのデータ連結(収集)の制限など | ●アクセスログによる未承認のデータ連結(収集)のチェックなど | ●本人同意のないデータの削除機能など |
| 管理的対策 | ●システム開発時の事前チェック体制<br>●市販データベースなどを利用する場合の本人の同意状況の確認<br>●取扱者に対する定期的な教育の実施など | ●情報主体が問題を発見した場合の受付体制の確立など | ●問題発見時の削除プロセスの整備<br>●再発防止策の検討体制の確立など |

## 第7章 プライバシーリスクのセキュリティ対策

策がある(図表7.5参照).

### (6) 不正な方法・手段によって収集するリスク

不適正な方法や手段によって個人情報を収集し,トラブルになるリスクがある.情報主体をだまして個人情報を収集したり,なかば強制的に個人情報を収集したりするようなリスクに対しては,従業員教育を徹底する対策が基本になる(図表7.6参照).また,管理者自らが高い倫理意識をもっていないと,個人情報を収集することだけに関心をもってしまい,情報主体の立場を配慮させるような業務指示を十分に行わないおそれがある.例えば,個人情報の収集件数を営業目的に掲げ,どのような手段を使ってもかまわないから目標を達成させるような指示は,禁止しなければならない.

**図表7.6** セキュリティ対策(例6)

| リスク項目:不正な方法・手段によって収集するリスク | | | |
|---|---|---|---|
| | 予防対策 | 発見対策 | 回復対策 |
| 物理的対策 | ― | ― | ― |
| 論理的対策 | ― | ●サーバやクライアント上の未承認の個人情報データベースの定期的なチェック<br>など | ●不正取得した個人情報の削除機能<br>など |
| 管理的対策 | ●システム開発時の収集プロセスの適正性チェック体制の確立と運用<br>●取扱者に対する定期的な教育の実施<br>など | ●情報主体が問題を発見した場合の受付体制の確立<br>●管理者による情報の収集手続の定期的チェック<br>など | ●問題発見時の削除プロセスの整備<br>●再発防止策の検討体制<br>など |

## 7.1 個人情報のライフサイクルからみたセキュリティ対策

**図表7.7** セキュリティ対策(例7)

| リスク項目：収集時に本人以外の第三者に関する個人情報を開示するリスク ||||
|---|---|---|---|
| | 予防対策 | 発見対策 | 回復対策 |
| 物理的対策 | ●情報機器，記録媒体の施錠管理<br>●車両内への情報機器の放置禁止<br>●端末の適切な設置場所<br>など | ●盗難発見装置の導入<br>など | ― |
| 論理的対策 | ●端末画面で他者の個人情報を表示しない機能<br>など | ― | ― |
| 管理的対策 | ●情報機器利用時の注意事項の周知，徹底<br>●取扱者に対する定期的な教育の実施<br>など | ●管理者による情報の収集手続の定期的チェック<br>など | ●問題発見時の対応体制の整備<br>●再発防止策の検討体制<br>など |

### (7) 収集時に本人以外の第三者に関する個人情報を開示するリスク

顧客先で顧客リストなどを見たり，モバイル端末を利用したりする場合には，他者の個人情報が見られてしまうおそれがある．また，店内のカウンターで端末を操作しながら顧客に対応する場合には，本人以外の個人情報が他人に見られてしまうリスクがある．このようなリスクに対しては，個人情報取扱者に対する教育を実施したり，端末の画面レイアウトを改善したりするなどの対策がある(図表7.7参照)．

### 7.1.2 個人情報の利用・提供に関するリスク

個人情報の利用・提供に関しては，次のようなリスクが考えられる．

## 第7章 プライバシーリスクのセキュリティ対策

**図表7.8** セキュリティ対策(例8)

| リスク項目：目的外の利用・提供に関するリスク | | | |
|---|---|---|---|
| | 予防対策 | 発見対策 | 回復対策 |
| 物理的対策 | ●情報機器の設置制限<br>●情報機器，記録媒体の施錠保管<br>など | ― | ― |
| 論理的対策 | ●アクセスコントロール機能によるアクセス制限<br>●業務上必要な者に限定したアクセス権付与<br>●アクセスできる個人情報の限定<br>●パスワードの定期的変更<br>など | ●アクセスログの定期的チェック（アクセス状況のモニタリング）<br>など | ― |
| 管理的対策 | ●取扱者に対する定期的な教育の実施<br>など | ●管理者による利用状況の定期的チェック<br>など | ●問題発見時の対応体制の整備<br>●再発防止策の検討体制<br>など |

### （1） 目的外の利用・提供に関するリスク

　収集目的の範囲を超えて個人情報を利用・提供し，トラブルになるリスクがある．このようなリスクに対しては，アクセスコントロールによる個人情報の利用者の限定，従業員教育の徹底による防止対策，管理者による利用状況のチェック，アクセスログの取得・分析によるチェックなどの発見対策がある（図表7.8参照）．

### （2） 提供先における情報漏えいなどのリスク

　提供先から個人情報が漏えいしたり，無断で第三者へ提供されたりす

## 7.1 個人情報のライフサイクルからみたセキュリティ対策

**図表7.9** セキュリティ対策(例9)

| リスク項目：提供先における情報漏えいなどのリスク ||||
|---|---|---|---|
| | 予防対策 | 発見対策 | 回復対策 |
| 物理的対策 | ●情報機器の適正管理(独立区画への設置など)<br>●媒体の施錠保管状況<br>●警備員の配置<br>●入退館システム<br>など | ●侵入監視設備(赤外線検知装置,監視カメラなど)<br>など | ― |
| 論理的対策 | ●アクセスコントロール機能によるアクセス制限<br>●業務上必要な者に限定したアクセス権付与<br>●アクセスできる個人情報の限定<br>●パスワードの定期的変更<br>●暗号化<br>など | ●アクセスログの定期的チェック(アクセス状況のモニタリング)<br>など | ― |
| 管理的対策 | ●外部委託先の厳格な選定手続<br>●受託先でのプライバシーマークの付与, ISMSの認証取得<br>●守秘義務契約などの締結<br>など | ●受託先の管理者による定期的チェック<br>●受託先の内部監査<br>●立入検査<br>など | ●問題発見時の報告体制の整備<br>●連絡先の定期的な変更<br>など |

## 第7章　プライバシーリスクのセキュリティ対策

るリスクがある．このようなリスクに対しては，守秘義務，管理体制，従業員教育，損害賠償，立入検査権等を盛り込んだ契約を締結し，定期的なチェックを実施するなどの対策がある（図表7.9参照）．

### 7.1.3　個人情報の管理に関するリスク

個人情報の管理に関するリスクには，個人情報の漏えい，破壊，改ざんがある．個人情報の収集時のリスクおよびセキュリティ対策と異なって，個人情報の管理に関するリスクは，基本的には情報セキュリティと同様の対策を講じればよい．

#### （1）　情報機器などからの情報漏えいのリスク

モバイルコンピュータ，端末（パソコン）などの盗難・紛失によって，個人情報が漏えいするリスクがある．このようなリスクに対しては，情報機器管理の徹底（従業員教育，定期的な現品確認など），保存情報の暗号化，アクセスコントロール（ユーザー ID・パスワード，指紋認証など），不要な個人情報の完全消去（専門ソフトウェアの使用など）などのセキュリティ対策がある（図表7.10参照）．

#### （2）　帳票，記録媒体からの情報漏えいのリスク

帳票，CD-ROM，USB フラッシュメモリ，MO（光磁気）ディスク，フロッピーディスク，ハードディスク等の記録媒体の盗難や，紛失などのリスクがある．このようなリスクに対しては，情報機器に関するセキュリティ対策とおおむね同様の対策が必要である．帳票・記録媒体の管理の徹底（従業員教育，定期的な保管状況の確認など），保存情報の暗号化，不要な個人情報の完全消去（専用ソフトウェアの使用など）などのセキュリティ対策がある（図表7.11参照）．帳票や記録媒体は情報機器以上に社内各所に分散していることがあるので，それを適切に管理することが必要である．帳票・記録媒体の管理は，個人情報取扱者のセキュリティ意識や倫理観に依存することころが大きい．

7.1 個人情報のライフサイクルからみたセキュリティ対策

図表7.10 セキュリティ対策(例10)

| リスク項目：情報機器などからの情報漏えいのリスク | | | |
|---|---|---|---|
| | 予防対策 | 発見対策 | 回復対策 |
| 物理的対策 | ●情報機器の適正管理(独立区画への設置など)<br>●入退館システム<br>など | ●侵入監視設備(赤外線検知装置，監視カメラなど)<br>など | ― |
| 論理的対策 | ●アクセスコントロール機能によるアクセス制限<br>●業務上必要な者に限定したアクセス権の付与<br>●アクセスできる個人情報の限定<br>●パスワードの定期的変更(強制変更機能含む)<br>●暗号化<br>●不用個人情報の完全な消去(専用ソフトによる消去など)<br>など | ●アクセスログの定期的チェック(アクセス状況のモニタリング)<br>●パスワード変更状況のチェック<br>など | ― |
| 管理的対策 | ●情報機器の取扱者に対する定期的な教育<br>など | ●管理者による定期的チェック<br>●CSA(統制自己評価)<br>など | ●問題発生時の報告体制の整備<br>●再発防止体制の整備<br>など |

**(3) 不正アクセスによる情報の漏えい，破壊，改ざんのリスク**

　ハッカーなどによる不正アクセスによって個人情報が漏えい，破壊，改ざんされるリスクである．このようなリスクに対しては，ファイアウォールによる不正アクセスへの対策が必要になる．また，社内システム

155

## 第7章　プライバシーリスクのセキュリティ対策

**図表7.11** セキュリティ対策(例11)

| リスク項目：帳票，記録媒体からの情報漏えいのリスク ||||
|---|---|---|---|
| | 予防対策 | 発見対策 | 回復対策 |
| 物理的対策 | ●帳票・記録媒体の施錠保管<br>●入退館システム<br>など | ●侵入監視設備(赤外線検知装置，監視カメラなど)<br>●入退館(室)ログの定期的なチェック<br>など | ― |
| 論理的対策 | ●パスワードの定期的変更(強制変更機能含む)<br>●情報の暗号化<br>●不要な個人情報の完全消去(帳票の裁断・溶解，専用ソフトによる消去など)<br>など | ●入退館(室)ログの定期的なチェック<br>など | ― |
| 管理的対策 | ●帳票・記録媒体の取扱者に対する定期的な教育<br>●就業規則やプライバシーポリシー等での取扱い，罰則等の明記<br>など | ●管理者による帳票や記録媒体の取扱い状況の定期的チェック<br>●CSA(統制自己評価)<br>など | ●問題発生時の報告体制の整備<br>●再発防止体制の整備<br>など |

についてはアクセスコントロールソフトウェア等によるアクセス管理，情報の暗号化などの対策がある．不正アクセスでは，Webサイトのセキュリティホールをねらったものが多いので，セキュリティホールを改善するためのプログラム改善(修正パッチあて)，アクセス状況のモニタ

## 7.1 個人情報のライフサイクルからみたセキュリティ対策

**図表 7.12** セキュリティ対策（例 12）

| リスク項目：不正アクセスによる情報の漏えい，破壊，改ざんのリスク | | | |
|---|---|---|---|
| | 予防対策 | 発見対策 | 回復対策 |
| 物理的対策 | ●帳票，記録媒体の施錠保管<br>●端末の施錠<br>●入退館システム<br>など | ●侵入監視設備（赤外線検知装置，監視カメラなど）<br>など | ― |
| 論理的対策 | ●ファイアウォールによる不正アクセス対策<br>●情報の暗号化<br>●ペネトレーションテストによる検査<br>など | ●アクセスログのモニタリング<br>など | ●情報，ソフトウェアのバックアップ<br>など |
| 管理的対策 | ●システム管理者に対する定期的なセキュリティ教育<br>●ネットワーク管理者，システム管理者などの職務の分離<br>●セキュリティホールに関する情報の収集<br>など | ●管理者による定期的チェック<br>など | ●問題発生時の報告体制の整備<br>●再発防止体制の整備<br>など |

リングなどを行うことが重要である．インターネット経由の不正アクセスでは，社内ネットワークに無許可で接続されたパソコンやモデムなどが原因となるおそれがあるので，ネットワーク管理の徹底によるリスク低減が必要である（図表 7.12 参照）．

（4） 故意による情報の漏えい，破壊，改ざんのリスク

従業員などが故意に個人情報を漏えい，破壊，改ざんするリスクであ

図表7.13 セキュリティ対策（例13）

リスク項目：故意による情報の漏えい，破壊，改ざんのリスク

|  | 予防対策 | 発見対策 | 回復対策 |
|---|---|---|---|
| 物理的対策 | ●情報機器，帳票，媒体の施錠保管<br>●入退館システム<br>など | ●監視カメラ<br>など | ― |
| 論理的対策 | ●パスワードの定期的変更（強制変更機能含む）<br>●情報の暗号化<br>●不用個人情報の完全な消去（帳票の裁断・溶解，専用ソフトによる消去等）<br>など | ●アクセスログのモニタリング<br>●電子メールの添付ファイルのチェック<br>●入退館・室ログのチェック<br>など | ― |
| 管理的対策 | ●取扱者に対する定期的な教育<br>●就業規則等での罰則の明示<br>など | ●管理者による定期的チェック<br>など | ●問題発生時の報告体制の整備<br>●再発防止体制の整備<br>など |

る．電話会社などの社員が顧客情報を社外に販売していた事例もあるので，見過ごせないリスクである．このようなリスクに対応するためには，業務上の必要性を踏まえたアクセス権の付与（"need to know"の原則），アクセスログの保存とモニタリング（アクセス状況のチェック），従業員教育の徹底，就業規則などでの罰則の明記，管理者による利用状況のチェックなどの対策が必要である（図表7.13参照）．また，サーバが誰でも触れることのできる場所に設置してあると，悪戯や誤操作によって損害を生ずるおそれがある．

(5) 情報機器・記録媒体の廃棄における情報漏えいのリスク

個人情報の漏えいは，情報機器や記録媒体の廃棄が不適切なことから

**図表7.14** セキュリティ対策（例14）

| リスク項目：情報機器・記録媒体の廃棄における情報漏えいのリスク | | | |
|---|---|---|---|
| | 予防対策 | 発見対策 | 回復対策 |
| 物理的対策 | ●廃棄前の情報機器，帳票，記録媒体の施錠保管<br>●コンテナ型車両の使用<br>●入退館システム<br>など | ●監視カメラ<br>など | ― |
| 論理的対策 | ●専用ソフトによるデータ消去<br>など | ●データ消去状況のチェック<br>など | ― |
| 管理的対策 | ●廃棄業者の適切な選択<br>●廃棄業者との守秘義務などの契約締結<br>●複数による作業<br>●作業への立会い<br>●取扱者に対する定期的な教育<br>など | ●管理者による定期的チェック<br>●廃棄処理への立会い<br>など | ●問題発生時の報告体制の整備<br>●再発防止体制の整備<br>など |

発生することが少なくない．情報機器や記録媒体の廃棄に際しては，個人情報の完全消去（専用ソフトによるデータ消去，裁断・溶解による帳票の廃棄など），廃棄業者の慎重な選定，廃棄業者との契約の締結，廃棄処理への立会い，適切な廃棄車両（コンテナタイプで記録媒体などの散乱を防止できる車両）の利用などの対策がある（図表7.14参照）．

# 7.2 セキュリティ対策におけるポイント

個人情報保護では，講じられた対策が確実に運用されることが非常に

重要である．そのためには，教育，監査が必要になる．また，セキュリティ対策を継続して実施し，セキュリティの水準を確保するためのセキュリティ・マネジメントの継続対策が不可欠になる．

## 7.2.1 教　育

個人情報の取扱いに関する教育は，定期的に実施する必要がある．プライバシー教育で取り上げる項目には，例えば，次のものがある．

### （1）　プライバシーポリシーの主旨と内容

プライバシーポリシーを策定した経緯および内容について説明し，理解させる．特に，なぜ個人情報が必要なのか，個人情報を適切に取り扱わないとどのような問題が発生するのかなどを理解させる．

### （2）　個人情報管理規程および個人情報取扱マニュアルの内容

個人情報管理規程の位置づけや内容を説明する．個人情報管理規程やマニュアルの内容は広範囲にわたることがあり，自己の担当業務に直接関係しない項目も少なくないので，自分に関連する事項は何か，自分はどう行動すればよいのかがわかるように注意する必要がある．例えば，顧客を訪問して営業活動を行う営業担当者が遵守すべき事項，店頭で顧客に対応する担当者が遵守すべき事項，電話受付担当者が遵守すべき事項，電子メールを送受信する場合に遵守すべき事項，各部門の管理者が遵守すべき事項を具体的な事例をあげて説明するとよい．また，規程を遵守しなかった場合の罰則についても説明して，個人情報の適切な取扱いの重要性，会社としての毅然たる態度を個人情報の取扱者に明確に示すことが大切である．

### （3）　個人情報の管理体制など

個人情報の管理体制について説明し，個人情報の取扱いに関してわからない事項，不明な事項などが発生した場合の問合せ・相談先を周知する．個人情報の漏えいや目的外利用などの問題が発生，または発生が予

想される場合の報告，連絡体制についても周知しておかなければならない．さらに，顧客などの情報主体から開示請求，利用・提供の拒否などがあった場合の社内体制を明確にしておき，情報主体への対応が適切に行われるように教育しておく必要がある．

**（4） 個人情報に関する事故事例など**

　個人情報保護に関して発生した実際の事例を紹介し，個人情報に関する問題が発生した場合の影響の大きさを理解させるとよい．新聞や雑誌などで報道された個人情報の漏えい・流出などの事故事例を取り上げたり，社内で実際に発生または発生しそうになった問題を取り上げたりして解説するとよい．

　このような教育は，少なくとも年1回定期的に実施する必要がある．新入社員の入社時教育，情報リテラシー教育，人事異動者に対する教育などの機会にも併せて個人情報保護教育を実施するとよい．また，コンピュータシステムで個人情報が処理されることから，個人情報に関する教育がシステム部門に偏るおそれがある．個人情報に関する教育は，システム部門だけではなく，個人情報の利用部門を重視して行う必要がある．

## 7.2.2　監　査

　個人情報の取扱いがプライバシーポリシー，個人情報管理規程，個人情報取扱マニュアルに従って適切に取り扱われているかをチェックする必要がある．これが個人情報保護監査である．個人情報保護監査については，第4章4.7節で説明したとおりである．

## 7.2.3　プライバシーリスク・マネジメントの継続

　プライバシーポリシー，個人情報管理規程，個人情報取扱マニュアル

### 図表 7.15 プライバシーリスク・マネジメントシステムの継続

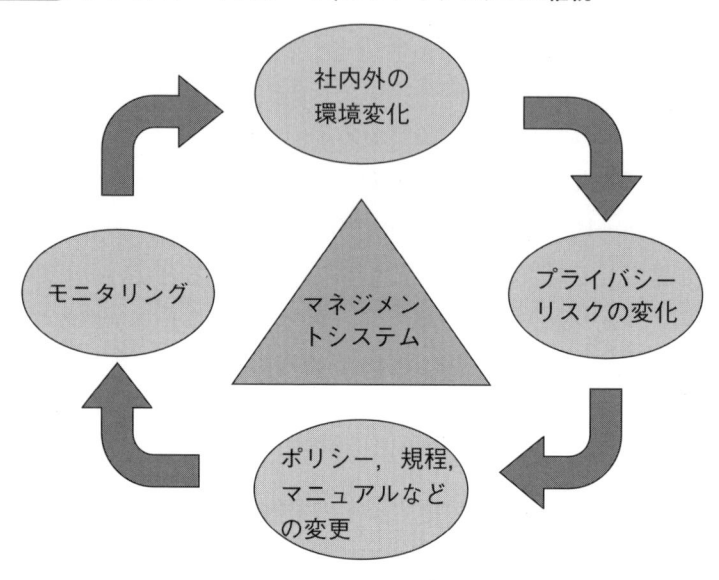

（図：マネジメントシステムを中心に「社内外の環境変化」→「プライバシーリスクの変化」→「ポリシー，規程，マニュアルなどの変更」→「モニタリング」が循環する図）

　などが，IT環境の変化，事業内容の変更，組織の改廃，人事異動などに応じて，定期的に見直し，改訂することが重要である．このようなプライバシー・マネジメントシステムを，社内外の変化に応じて常に最新の状態に保持しておかなければ，適切な個人情報の取扱いを確保できない．新しいアプリケーションシステム(Webシステムを含む)が開発されるときも，プライバシーポリシー，規程，マニュアル，組織・体制などの変更が必要かどうかについて検討する必要がある(図表7.15参照)．

　なお，JIS Q 15001でも，個人情報保護方針で「コンプライアンス・プログラムの継続的改善に関すること」(4.2項個人情報保護方針)を定め，実行し維持しなければならないとしている．

# 第8章

## プライバシーマーク制度の活用

プライバシーマーク制度は，個人情報を適正に取り扱うためのマネジメントシステムが整備されている企業に対して，プライバシーマークを付与し，その使用を認める制度である．具体的には，Webサイト，封筒，名刺などに表示して，顧客や取引先などにPRすることができる．本章では，プライバシーマーク制度の概要と，取得までの手続などについて説明する．また，プライバシーマークのビジネス上のメリットと，プライバシーマーク制度における個人情報保護監査についても解説する．

第8章 プライバシーマーク制度の活用

## 8.1 プライバシーマーク制度の概要

### 8.1.1 制度制定の経緯

　プライバシーマーク制度とは,「日本工業規格「<u>個人情報保護に関するコンプライアンス・プログラムの要求事項 JIS Q 15001</u>」(以下「JIS」という.)に<u>適合</u>して電子計算機処理に係る個人情報(電子計算機処理の前後におけるマニュアル処理に係る個人情報を含む.以下同じ.)の適切な保護のための<u>体制</u>を整備している事業者に対し,その申請に基づき,その旨の認定(以下「プライバシーマーク付与認定」という.)及びその旨を示す特別の表示である<u>プライバシーマークの付与</u>(以下「プライバシーマーク付与」という.)を行う制度である」((財)日本情報処理開発協会『プライバシーマーク制度設置及び運営要領』第2条,下線は筆者).プライバシーマークが付与された事業者は,事業活動に関してプライバシーマークを使用できる.

　プライバシーマーク制度の創設以前は,民間部門では個人情報保護ガイドラインにもとづく個人情報保護を行ってきたが,個人情報保護を適切に行っている企業にプライバシーマークを付与認定することによって,個人情報保護水準を高めようとしたものといえよう.プライバシーマーク制度の創設と合わせて,JIS規格(JIS Q 15001)が制定され,JISに準拠した個人情報保護マネジメントシステムが確立され運用されている企業に対してプライバシーマークの使用を認めるようになった(正確には,当初は経済産業省『個人情報保護ガイドライン』に準じて審査).しかし,個人情報保護法の制定にともなって,プライバシーマーク制度も何らかの影響を受けることになると思われる.プライバシーマーク付与認定の基礎となるJIS Q 15001は,個人情報保護法よりも厳しい内容になっている部分があることや,個人情報保護のマネジメントシステムとし

て個人情報の具体的な取扱いがわかりやすいという利点もある．個人情報保護の仕組みを構築する場合に，プライバシーマークの付与認定を受けることは，企業にとって有効である．今後，個人情報保護法の制定を受けて，JIS Q 15001の見直しが行われることが考えられるので，企業には，それを踏まえた対応が求められる．

## 8.1.2 プライバシーマークの付与機関および指定機関

### （1）付与機関

プライバシーマークの付与機関は，㈶日本情報処理開発協会である．付与機関は，次のような役割をもつ．

1) 指定機関の指定
2) プライバシーマーク付与の申請の審査・認定
3) プライバシーマーク制度の適正な運用

このほかに，プライバシーマーク制度の基準，規程などの改訂，指定機関の指定および取消，プライバシーマーク付与認定の取消などを行うプライバシーマーク制度委員会を設置するとともに，プライバシーマーク制度に係る問合せ・苦情などの受付・対応窓口である消費者相談窓口を設置している．

### （2）指定機関

事業者団体など個人情報の取扱い・保護に関する知見があり，プライバシーマーク付与に係る業務を適確に実施する能力があると認められる団体が，プライバシーマークの指定機関となることができる．指定機関とは，付与機関に申請してプライバシーマーク制度委員会の審議を経て指定機関として認定を受けた団体のことである．指定機関としては，㈳情報サービス産業協会などがあり，次の役割をもつ．

1) 事業者からのプライバシーマーク付与申請の受付
2) 申請内容の審査・調査

3) 付与認定など

## 8.1.3 プライバシーマークの特徴

### （１） 審査があること

プライバシーマークは，認定に際して，審査を受ける必要がある．審査では，JIS Q 15001 に適合した個人情報保護に関するマネジメントシステムが構築され，運用されているかがチェックされる．具体的には，個人情報管理規程，個人情報取扱マニュアルなどの作成，個人情報管理責任者などの管理体制の確立，個人情報取扱者に対する教育の実施，定期的な監査の実施などの有無，内容が審査される．

### （２） 更新があること

プライバシーマークは，一度プライバシーマークの付与認定を受ければ永続的にプライバシーマークを使用できるというわけではない．したがって，個人情報保護を一定水準に保つための継続的な努力が必要になる．更新時の審査において，問題が認められればプライバシーマークを使用できなくなる．

### （３） 外部（消費者など）に対して公表するものであること

プライバシーマークは，社外に対して自社の個人情報保護が適切に行われていることを公表するものである．したがって，トップマネジメントや社内に対して示すことを主目的としているものではない．

## 8.1.4 プライバシーマークの付与

### （１） 認 定 期 間

プライバシーマークは，審査に合格すると２年間マークの使用が認められる．以後，２年ごとに更新するための審査が行われる．

### （２） 付与の対象

プライバシーマークが付与される者は，国内に活動拠点をもつ事業者

であり，次の条件を満たす事業者である．
1) JIS Q 15001「個人情報保護に関するコンプライアンス・プログラムの要求事項」に準拠したコンプライアンス・プログラム(実践遵守計画)を定めていること．
2) コンプライアンス・プログラムにもとづき個人情報の適切な取扱いが実施され，または実施可能な体制が整備されていること．

なお，申請前2年以内に個人情報の取扱いに関して情報漏えいなど情報主体の権利を侵害した事業者など欠格事項に該当する場合には，マークが付与されない．

(3) 付与の単位

プライバシーマーク付与の単位は，事業者(法人)を原則としているが，部門単位に付与を受けることもできる．例えば，事業部や社内カンパニー単位にプライバシーマークの付与を受けることもできる．したがって，個人情報を取り扱う部門が限定されている場合には，その部門だけでプライバシーマークの付与を受ける方法も有効である．

(4) 料 金

プライバシーマーク付与の申請およびプライバシーマークの使用にあたっては，コストがかかる．申請手数料は，80,000円～300,000円，現地調査料20,000円～100,000円，マーク使用料(2年間分)50,000円～200,000円であり(2001年2月1日受付分から)，企業規模によって料金が決まる．

## 8.1.5 プライバシーマークの申請と審査

(1) 申 請 書 類

プライバシーマーク付与の申請には，次の書類が必要になる．
1) プライバシーマーク付与申請書
2) プライバシーマーク付与申請別紙：個人情報保護に係る体制の整

備などを示す書類
3) 登記簿謄本（または抄本）など，申請者の実在を称する公的書類
4) 組織の定款，寄付行為その他これに準ずる規程類
5) 役員名簿
6) コンプライアンス・プログラム（JIS Q 15001 に準拠したもの）
7) コンプライアンス・プログラムに関連する規程など
8) 欠格事項への該当の有無について
9) その他申請内容を補足する資料

これらの書類を見るとわかるように，企業としての個人情報保護にかかわる体制，実践遵守計画，規程などが重要だといえよう．

**（2） 申請から交付までの手続**

プライバシーマーク付与の申請から交付までの手続は，図表8.1に示

**図表8.1** プライバシーマーク付与認定までの手続

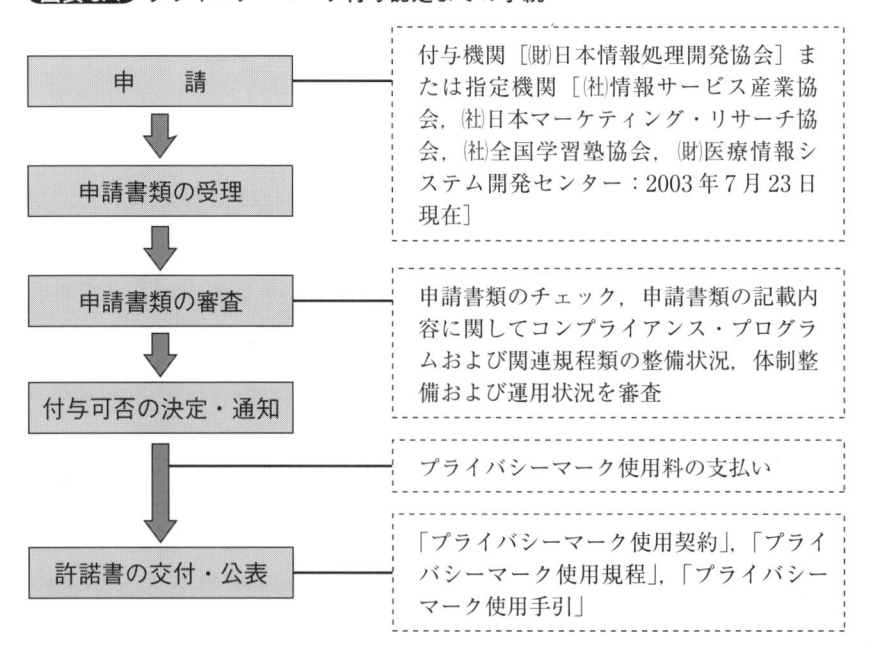

| 申請 | 付与機関 [(財)日本情報処理開発協会] または指定機関 [(社)情報サービス産業協会，(社)日本マーケティング・リサーチ協会，(社)全国学習塾協会，(財)医療情報システム開発センター：2003年7月23日現在] |
|---|---|
| 申請書類の受理 | |
| 申請書類の審査 | 申請書類のチェック，申請書類の記載内容に関してコンプライアンス・プログラムおよび関連規程類の整備状況，体制整備および運用状況を審査 |
| 付与可否の決定・通知 | |
| | プライバシーマーク使用料の支払い |
| 許諾書の交付・公表 | 「プライバシーマーク使用契約」，「プライバシーマーク使用規程」，「プライバシーマーク使用手引」 |

すとおりである.

**（３） 審査のポイント**

日本情報処理開発協会『プライバシーマーク制度設置及び運営要領』(1998年11月24日施行)によれば,審査で重視される事項は,次のとおりである(第10条等2項).

1) コンプライアンス・プログラム及び個人情報の適切な保護のためのその他の関係規程等の整備
2) 個人情報の管理者の設置,個人情報保護の責任及び役割の分担の明確化その他個人情報の適切な保護のための組織の整備
3) 個人情報の収集,利用又は提供に従事する役職員に対する年1回以上の教育
4) 個人情報の取扱い及び保護の状況についての年1回以上の監査
5) 個人情報保護に関する情報主体及び消費者からの要求,苦情,相談等窓口の常時設置及びその対外的広報
6) 個人情報の処理に係る情報システムにおける秘密の保持,外部からの侵入又は外部への漏洩の防止その他の安全上の措置
7) 個人情報の提供または外部への処理の委託における個人情報の保護及び責任の分担に関する契約の締結その他の個人情報保護のための措置

## 8.1.6 プライバシーマーク付与後の取扱い

プライバシーマーク制度は,プライバシーマークが付与された後,次のように取り扱われる(図表8.2参照).

**（１） 調　査**

① 付与認定事業者に対するもの

付与機関または指定機関は,プライバシーマーク付与認定事業者(プ

第8章 プライバシーマーク制度の活用

**図表8.2** プライバシーマーク付与後の取扱い

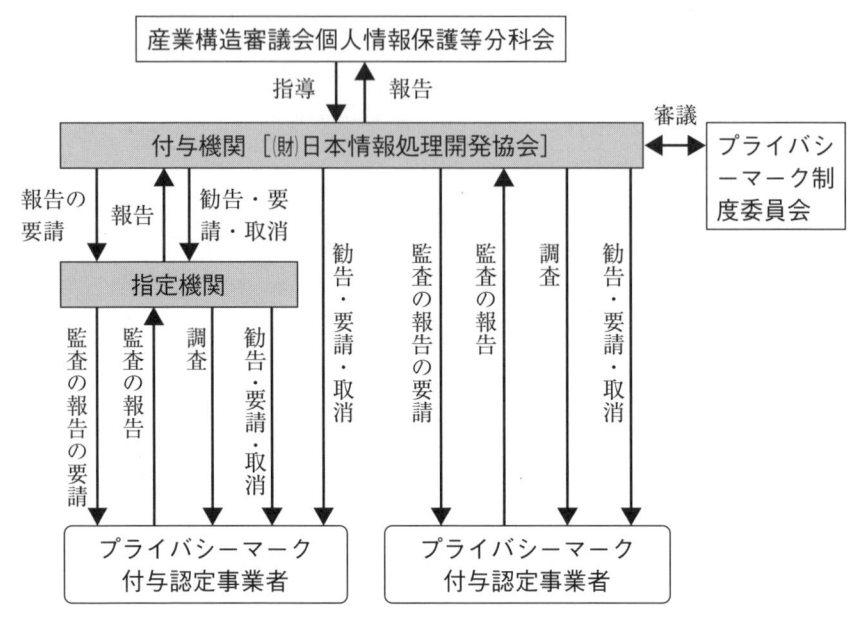

```
                    産業構造審議会個人情報保護等分科会
                         ↓指導    ↑報告
                                                      審議
        付与機関〔(財)日本情報処理開発協会〕  ←→  プライバシー
                                                      マーク制
  報告の  報告  勧告・  勧告・   監査の  監査の  調査  勧告・    度委員会
  要請        要請・  要請・   報告の  報告          要請・
              取消   取消    要請                   取消
     ↓  ↑   ↑     ↑       ↑      ↑    ↑     ↑
        指定機関
     ↑ ↑ ↑ ↑
  監査 監査 調査 勧告・
  の  の      要請・
  報告 報告     取消
  の
  要請
        ↓           ↓
   プライバシーマーク      プライバシーマーク
   付与認定事業者       付与認定事業者
```

ライバシーマーク使用許諾事業者)に対して個人情報保護に関する監査の報告を求めること，プライバシーマーク制度の運用に必要な範囲内での実地調査を行うことがある．

② 指定機関に対するもの

指定機関は，付与機関である日本情報処理開発協会からプライバシーマーク認定などの実態に関する報告を求められること，実地調査が行われることがある．

**(2) 改善勧告，指定機関およびプライバシーマーク付与の取消**

実態調査の結果，プライバシーマーク制度の運用に問題があった場合には，プライバシーマーク制度委員会での審議によって，改善勧告・要請，指定機関の指定およびプライバシーマーク付与認定が取り消されることがある．実際に認定が取り消された事業者が発生したことがあるので，マーク付与後の運用を適切に行うことが重要である．

### (3) プライバシーマーク制度運用状況の報告

付与機関については，プライバシーマーク付与申請，審査，付与認定，改善の勧告・要請，取消，苦情等の相談の状況などの運用結果を，定期的に産業構造審議会個人情報保護等分科会へ報告することになっている．

## 8.2 プライバシーマークのメリットとコスト

### 8.2.1 プライバシーマークのメリット

プライバシーマークの取得によって企業が享受するメリットは，プライバシーマークそのものから得られるメリットと，プライバシーマークを取得する過程で得られるメリットに整理できる．

#### (1) プライバシーマーク自体から得られるメリット

① 個人顧客に対するアピール

顧客は，ホームページ，名刺，封筒，書類，申込票などに表示されたプライバシーマークを見て，当該企業が個人情報を適切に取り扱っている企業だという印象をもつことになる．この結果，当該企業に対して自己の個人情報を提供しても適切に取り扱われるだろうと考えて，商品やサービスの購入を行うと考えられる．

② ビジネスの拡大（情報処理などの業務の受託）

情報処理などの業務を外部委託する場合には，受託企業における個人情報の取扱いが適切に行われているかが判断要素の1つになっている．委託先を選定する場合に，プライバシーマークの取得の有無が考慮されることになろう．プライバシーマークを取得していない企業は，入札資格がないとされる場合も考えられる．

#### (2) プライバシーマークの取得過程で得られるメリット

プライバシーマークの取得によって，次のようなメリットが得られる

**図表 8.3** プライバシーマークのメリット

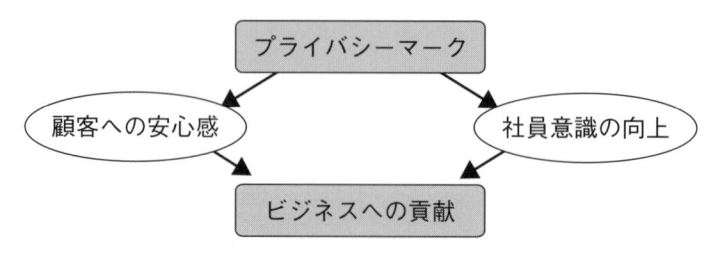

```
      プライバシーマーク
       ↙         ↘
顧客への安心感    社員意識の向上
       ↘         ↙
      ビジネスへの貢献
```

(図表 8.3 参照).

① 社内意識の向上

プライバシーマークを取得するためには，個人情報保護のためのマネジメントシステムの構築が必要である．マネジメントシステムを構築していく過程で，個人情報保護の重要性が社内に浸透し，個人情報保護に関する社内意識が向上する．

② 情報セキュリティ水準の向上

プライバシーポリシーの策定，個人情報保護に関する規程・マニュアルなどの整備，個人情報保護のためのセキュリティ対策の構築などを行う過程で，企業等の情報セキュリティ水準が向上する．個人情報保護を行う場合には，企業秘密なども含めて対策を行なったほうが効率的である．このために，副次的な効果として，個人情報以外の情報のセキュリティ水準も向上させることができる．

## 8.2.2 プライバシーマークのコスト

プライバシーマークの付与認定を受けそれを使用するためには，次のような一時的なコストと継続的なコストが必要になる．プライバシーマークを継続して使用していくためには，プライバシーマークの付与要件であるマネジメントの継続的改善が必要だからである．

### (1) 一時的コスト

プライバシーマーク付与申請を行い認定を受けるまでには，申請手数

料,現地調査料,マーク使用料などの初期コストが必要であるが,この他に,個人情報保護に係る体制の整備のためのコストがかかる.例えば,コンプライアンス・プログラムの作成,周知・教育体制の整備,個人情報保護監査の体制整備,消費者相談窓口の設置,個人情報保護に関するセキュリティ対策の構築などのための,人件費,外部委託費,ハードウェア・ソフトウェア・ネットワークなどのセキュリティ対策コストなど必要になる.

個人情報保護監査は内部監査部門に担当させ,個人情報保護に関する消費者相談窓口は既設の相談窓口に担当させるなど,既にある体制を利用して個人情報保護に係る体制を整備すると効率的である.個人情報保護のセキュリティ対策についても,情報セキュリティ対策のなかで併わせて行うことによって,個人情報保護コストを低減させることができる.

(2) 維持コスト

プライバシーマーク付与認定を維持するためには,プライバシーマークの使用料(2年ごとの更新時に必要),更新にかかる手数料,個人情報保護に関する教育費用,個人情報保護に関する監査コスト,消費者相談窓口の維持コスト(人件費,事務室費用,通信費など),セキュリティ対策の維持コスト(例えば,ハードウェアやソフトウェアの賃借料,帳票等の廃棄コストなど)などのコストが必要になる.

なお,プライバシーマーク付与認定のための対応は,個人情報保護法への対応と重複する部分が少なくないので,両者への対応を総合的に考えてコストを検討するとよい.

第8章　プライバシーマーク制度の活用

## 8.3 プライバシーマーク制度における個人情報保護監査

### （1）概　要

　JIS Q 15001で要求される監査については，日本情報処理開発協会が『プライバシーマーク制度における監査ガイドライン』(2000年3月，http://privacymark.jp/ref/pmaugl.html)を策定している．JIS Q 15001では，個人情報保護のマネジメントシステムの一環としてシステム監査を位置づけている．また，監査規程の策定，監査体制の整備などが求められている（図表8.4参照）．

　このガイドラインでは，JIS Q 15001の要求事項にもとづいて，コンプライアンス・プログラムの整備状況，体制整備状況および運用状況などについて監査する内容を定めている（図表8.5参照）．

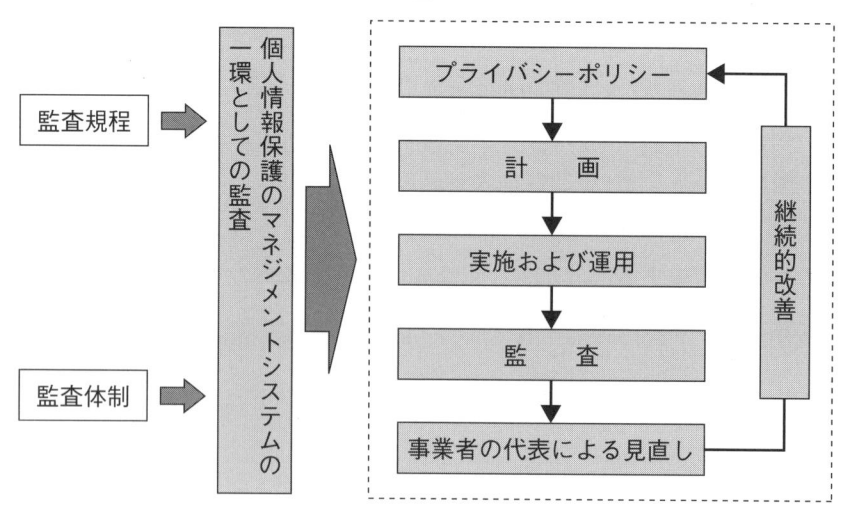

**図表8.4** JIS Q 15001が要求する監査

```
監査規程 ─→ ┐
            ├→ 個人情報保護のマネジメントシステムの一環としての監査 →  プライバシーポリシー
            │                                                              ↓
            │                                                           計　画
            │                                                              ↓
            │                                                        実施および運用     継続的改善
            │                                                              ↓
監査体制 ─→ ┘                                                           監　査
                                                                            ↓
                                                                   事業者の代表による見直し
```

## 8.3 プライバシーマーク制度における個人情報保護監査

**図表8.5** JIS Q 15001が要求する監査の実施

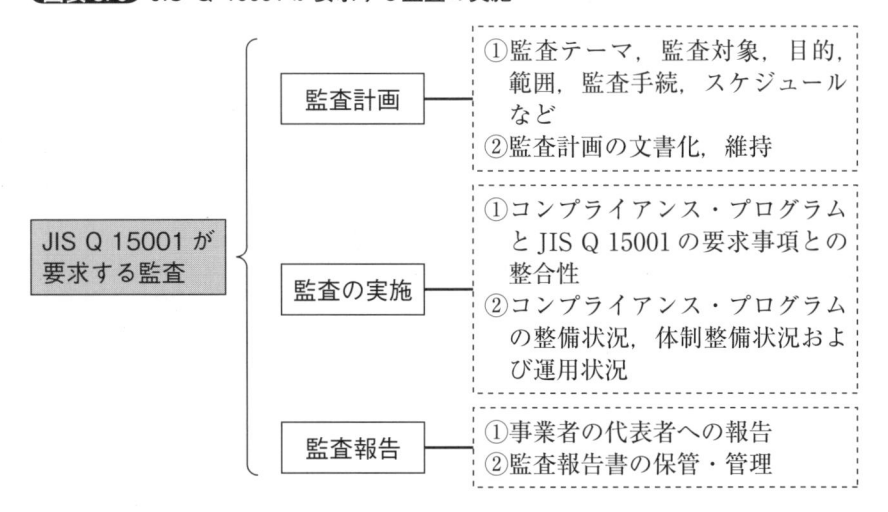

```
                    ┌─ 監査計画 ─── ①監査テーマ，監査対象，目的，
                    │               範囲，監査手続，スケジュール
                    │               など
                    │             ②監査計画の文書化，維持
                    │
JIS Q 15001が ──────┼─ 監査の実施 ─ ①コンプライアンス・プログラム
要求する監査         │               と JIS Q 15001 の要求事項との
                    │               整合性
                    │             ②コンプライアンス・プログラム
                    │               の整備状況，体制整備状況およ
                    │               び運用状況
                    │
                    └─ 監査報告 ─── ①事業者の代表者への報告
                                  ②監査報告書の保管・管理
```

### （2）監査項目

ガイドラインに定められている監査項目の概要は，図表8.6のとおりである．

## 図表8.6 個人情報保護監査の項目と内容

| 監査項目 | 内容 |
|---|---|
| ①個人情報の保護方針 | 事業者の代表者によるプライバシーポリシーの策定周知徹底，プライバシーポリシーの文書化，役員および従業員への周知徹底，一般の人への公表，およびこれらに必要な体制の整備状況など |
| ②個人情報の特定 | 個人情報を特定する手順の確立，個人情報のリスクの認識など |
| ③法令およびその他の規範 | 個人情報保護にかかわる法令等の参照手順の確立，法令等をコンプライアンス・プログラムに反映する手順など |
| ④内部規程 | 内部規程の策定と承認，規程の維持管理体制など |
| ⑤計画書 | 個人情報保護に関する教育計画の立案・維持管理およびそれにかかわる体制など |
| ⑥実施および運用 | コンプライアンス・プログラムの実施体制と責任者の設置，それの社内周知など |
| ⑦個人情報の収集に関する措置 | 収集目的の明確化および収集目的の変更に関する手続，収集方法，特定の機微な情報の収集および提供の禁止，情報主体の同意の取得情報主体が子どもの場合の保護者からの同意，公開情報からの個人情報の収集，情報主体以外からの間接的な情報収集時の同意の取得に関する定め・体制など |
| ⑧個人情報の利用および提供に関する措置 | 個人情報の利用および提供に関する規程の作成，情報主体の同意を必要としない場合の取扱規則の制定，収集目的の範囲外の利用および提供に関する規程の制定，承認や運用状況など |
| ⑨個人情報の適正管理に関する措置 | 個人情報の正確性確保のための規程類の制定，運用状況など |
| ⑩個人情報の利用の安全性の確保に関する措置 | 個人情報の安全性確保のための規程類の制定，運用状況など |
| ⑪個人情報の委託処理に関する措置 | 個人情報の委託処理に関する規程の策定，運用状況，契約の締結，契約書の保管状況など |
| ⑫個人情報に関する情報主体の権利に関する措置 | 情報主体の個人情報に関する権利（開示請求，訂正・削除等）の規定および運用状況，相談窓口等の体制整備，本人確認の手続に関する規定および運用状況，自己情報の利用又は提供の拒否権に関する規定および運用状況，相談窓口の体制整備など |
| ⑬教育 | 役員，従業員に対する個人情報保護教育に関する規定，教育体制の整備，教育の実施状況など |
| ⑭苦情および相談 | 苦情および相談に関する規定，苦情および相談窓口体制，受付状況など |
| ⑮コンプライアンス・プログラム文書 | 書面または電子情報などによるコンプライアンス・プログラム文書の作成，内容の適格性など |
| ⑯文書管理 | JIS Q 15001 に関連する文書管理の規定，管理体制の整備，運用状況など |
| ⑰監査 | コンプライアンス・プログラムの JIS Q 15001 への準拠性および運用状況の監査に関する規定，監査体制の整備，監査報告書の管理など |
| ⑱事業者の代表者による見直し | コンプライアンス・プログラムの見直しに関する規定，体制整備，見直し状況など |

出典）日本情報処理開発協会：『プライバシーマーク制度における監査ガイドライン』(2000年3月)の「監査ガイドラインの詳細」を参考に作成．

# 付録 1

## 個人情報にかかわる Q&A

　ここでは，今まで述べてきた個人情報の取扱いについて，より理解を深めるとともに，実務で役立つように具体的な留意点をQ&A形式で解説する．質問項目は，実務家が関心をもちそうなものを取り上げた．回答内容は，著者の個人的な見解であり，実務で利用する場合には，企業の法務部門や弁護士などの専門家に相談していただきたい．また，回答内容は，JIS Q 15001や個人情報保護ガイドラインを参照しているので，個人情報保護法よりも取扱いが厳しい内容になっている部分もある．企業においては，実務上，個人情報保護法を遵守するだけではなく，安全サイドを見て対応することが必要だと考えたからである．

付録1　個人情報にかかわるQ＆A

## 1．全般的な事項にかかわるQ＆A

**Q1**　CRM(customer relationship management)は，個人情報をビジネスに活用するための情報システムであるが，個人情報保護を行うと，CRMができなくなるのではないか？

**A1**　個人情報保護を行っても，CRMができなくなるわけではない．CRMは，企業が保有する個人情報を活用して顧客ニーズにあったサービスを提供したり，効率的な営業活動を行ったりするうえで重要な情報システムである．また，個人情報保護と対立する概念のように考えることもできる．しかし，個人情報保護法の目的が「……，個人情報の有用性に配慮しつつ，個人の権利利益を保護することを目的とする．」(第1条)としているように，個人情報保護は，健全な個人情報の利用を行うためのものであり，適切な個人情報保護を講じていれば，必ずしも対立する概念とはいえない．

個人情報を適正に収集(取得)し，収集目的(利用目的)の範囲内で利用するのであれば，CRMを利用したビジネス活動を行うこと自体に問題はない．CRMを導入する際には，どのようにCRMを導入し活用したいのかを検討したうえで，個人情報の収集時に収集目的を明確にして，本人の同意(個人情報保護法では，利用目的の通知または公表)を得て個人情報をCRMで利用すればよい(図表付1参照)．つまり，CRMにおいて個人情報を適切に取り扱うためのポイントは，個人情報の収集時に

**図表付1**　CRMと個人情報の利用

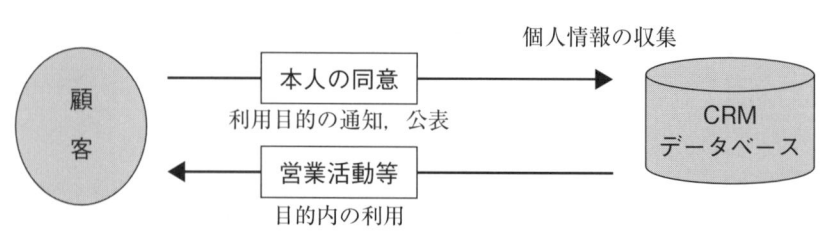

あるといえる.

なお,個人情報を CRM で利用することを明確にしないで,個人情報を収集してビジネスで活用することは,個人情報保護の視点から,問題になるおそれがあるので注意しなければならない.

Q2　CRM では,個人情報保護について具体的にどのような点に気をつければよいのか？

A2　CRM は,個人情報の保護と利用を両立させるという個人情報保護の課題が最も典型的に現れたケースといえよう.個人情報保護と CRM を両立させるためには,次のような点に留意する必要がある.

(1) 個人情報の収集

ホームページ,インターネットや店頭などで個人情報を収集する際に,個人情報の収集目的を明確にし,本人の同意を得ること.個人情報保護法では,利用目的の通知,公表をしなければならないとしている(第18条).また,利用目的は,できるかぎり特定しなけらばならない(第15条).

(2) 個人情報の利用範囲

収集目的の範囲を超えた利用はできないので,収集目的を意識した利用をするように注意する.収集目的をどのように設定するのかが,ポイントとなる.

(3) 既存データの利用

既存のデータベースを利用する場合には,当該個人情報データベースの収集目的の範囲内での利用にとどめなければならない.収集目的を超えた利用を行う場合には,電子メール,郵便などによって,本人の同意を得ること.

(4) 本人以外からの情報収集

個人情報保護法では,情報主体以外からの個人情報の収集については,

個人情報保護ガイドラインのように独立した条項として定めていない．しかし，企業が事業活動を行う場合には，本人以外の者からの情報収集も考えられる．

　本人以外の者から情報を収集する場合としては，紳士録などのオープンソース情報（公表された情報）の利用や電話帳で公開された電話番号を利用するケースが考えられる．しかし，非公開の電話番号を名簿業者などから収集する場合には，トラブルになるおそれがある．また，名簿業者などから各種データを購入し利用する場合には，問題になるおそれがあるので，注意が必要である．

　紳士録などのオープンソースからの個人情報の収集は，情報主体以外からの間接的に収集する場合に該当する．情報主体以外からの間接収集の場合においても，情報主体に対して，自己情報の提供の拒否，開示請求，訂正・削除について明確にしておくこと．

（５）　データベースの適正管理

　CRM データベースなどを適正に管理し，業務上必要のない者が利用できないようにする．具体的には，アクセス権限の付与を適切に行い，それを定期的に見直すこと．

---

**個人情報保護ガイドライン**

（情報主体以外から間接的に収集する場合の措置）
第9条　情報主体以外から間接的に個人情報を収集する際には，情報主体に対して，少なくとも，前条(1)から(3)まで及び(5)に掲げる事項を書面により通知し，当該個人情報の収集，利用又は提供に関する同意を得るものとする．ただし，次の(1)から(4)までに掲げるいずれかの場合においては，この限りではない．

　　(1)　略
　　(2)　略

> (3) 既に情報主体が，前条(1)から(5)までに掲げる事項の通知を受けていることが明白である場合及び情報主体により不特定多数の者に公開された情報からこれを収集する場合
> (4) 略

**Q3** 携帯電話サイトで，ビジネスを行う場合にはどのような点に気をつければよいのか？

**A3** 携帯電話サイトでビジネスを行う場合にも，個人情報保護に関する法令・ガイドラインを遵守する必要がある．ただし，携帯電話サイトでは，表示される画面スペースに制約があるので，個人情報の収集目的，個人情報管理責任者，開示請求権などを利用者に示す方法に工夫が必要である．

携帯電話サイトのサービスを提供している企業の携帯電話サイトに関する利用規則では，他の顧客や第三者のプライバシーを侵害する行為，または侵害するおそれのある行為を行った場合には，携帯電話サイトサービスの提供を取りやめる旨が記載されている．こうしたことからも，個人情報を適切に取り扱うことは，携帯電話サイトをビジネスに利用する際の重要な要件になっている．

**Q4** 社員情報も顧客情報と同様の保護が必要なのか？

**A4** 社員情報も個人情報であり，個人情報保護に関する法令・ガイドラインにもとづく保護が必要である．個人情報保護に関する法令・ガイドラインは，顧客の個人情報保護だけをねらいとしたものではない．したがって，社員，パート，アルバイト，派遣社員などの個人情報も同様に取り扱わなければならない．図表付2に示すように社員情報以外にもさまざまな個人情報があるので，注意が必要である．

付録1　個人情報にかかわるQ&A

**図表付2**　個人情報の種類

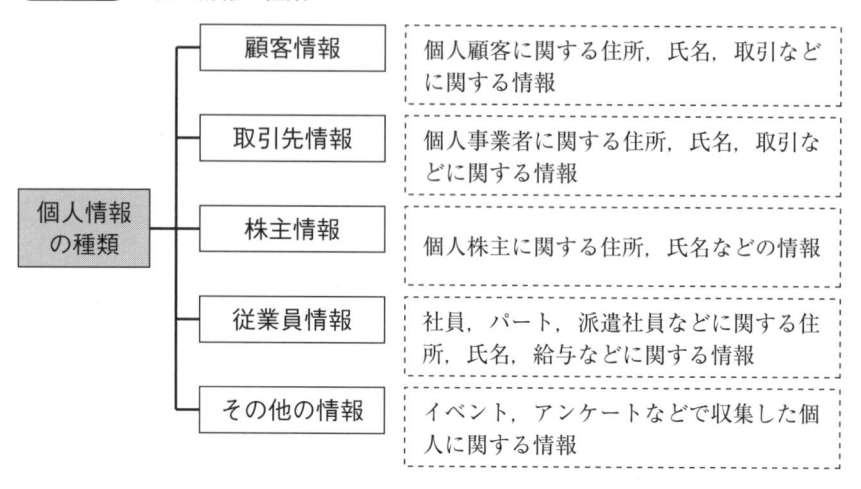

| 個人情報の種類 | | |
|---|---|---|
| | 顧客情報 | 個人顧客に関する住所，氏名，取引などに関する情報 |
| | 取引先情報 | 個人事業者に関する住所，氏名，取引などに関する情報 |
| | 株主情報 | 個人株主に関する住所，氏名などの情報 |
| | 従業員情報 | 社員，パート，派遣社員などに関する住所，氏名，給与などに関する情報 |
| | その他の情報 | イベント，アンケートなどで収集した個人に関する情報 |

　社員等の個人情報は，人事管理，給与計算，所得税の源泉徴収，健康保険料などの社会保険料の徴収などに利用することを目的として収集したものである．したがって，この範囲内で利用することは，雇用関係の維持，納税などの社会的な責任の遂行のために問題はないと考えられるが，これ以外の目的のために利用することは，問題となるおそれがある．たとえ，自社の社員情報であっても，会社が無制限に利用できるわけではないことに注意しなければならない．

**Q5**　得意先の企業から，DMや電話セールスを行うために当社の社員情報（氏名，住所，電話番号など）を教えてもらいたいとの要請があった．どのように対応したらよいか？

**A5**　社員の同意を得たうえで提供すれば問題はないが，同意を得ない場合にはトラブルになるおそれがある．社員情報は，人事管理，給与計算などに利用するために企業が収集したものであり，これ以外の目的に社員情報を利用することは，目的外の利用に該当するからである．

　したがって，得意先に対しては，個人情報保護の考え方を説明して，

理解してもらうように対応する必要がある．そのためには，プライバシーポリシーを策定しておくと説明しやすく，相手の了解も得られやすい．

取引上の理由から，断りにくい場合には，社員に対して事情を説明し，同意を得た社員の個人情報に限定して提供するなどの方法で対応することも一法である．この場合でも，次の点に注意する必要がある．

① 先方の利用目的の把握

先方の利用目的を調べて，その内容を社員に的確に伝える．

② 提供する情報の限定

先方の利用目的に必要な情報だけを提供する．例えば，DM送付のために利用したい場合には住所と氏名しか提供しないようにし，電話セールスを行うのならば，氏名と電話番号だけを提供するような対応をとるとよい．

③ 適切な取扱いの確保

先方と提供する社員情報の利用に関する契約を締結し，先方が当初目的以外に社員情報を利用したり，社員情報を第三者に漏えいしたりすることがないように適切な取扱いを確保する．

**Q6** 人事評価や社員行動のチェックなどのためにメールサーバを調べて，社員の電子メールを読んでもよいか？

**A6** 人事評価や社員行動のチェックなどを目的として，電子メールをチェックすることは，個人情報保護の視点から問題になるおそれがある．しかし，情報セキュリティの視点から電子メールのチェックが必要な場合がある．このような場合に備えて，情報セキュリティ確保のために電子メールをチェックすることがあることを事前に明確にして，社員に周知・徹底しておく必要がある．電子メールのチェックは，情報セキュリティポリシーで定められることが多いので，情報セキュリティポリシーを策定する場合には，このような事項も盛り込むとよい．

企業の設備(メールサーバ，メールソフト，通信回線など)を利用して電子メールの送受信を行う場合には，企業の設備なのだから企業が電子メールの内容を見てもかまわないという考え方があるが，電子メールのチェックを行うことがあることを事前に明示し周知していない場合には，トラブルになるおそれがある．

　また，情報セキュリティのために電子メールをチェックする場合には，チェック者の機密保持義務をより厳格にする必要がある．例えば，教育の徹底，誓約書への署名，罰則規程の策定などの対応をとる方法がある．

　なお，情報セキュリティを名目として社員の行動(勤務状況，私用メールなど)を監視することは，労働問題などになるおそれがある．労働者の行動を監視する方法には電話の盗聴，テレビカメラによる監視などがあるが，電子メールによる監視もこれらの方法と考えられる．

---

**事例：人材派遣企業における電子メールのチェック**

　電子メールによる情報漏えい，私的な利用などをチェックするために，メールのチェックを実施している企業がある．この企業では，派遣社員の個人情報が漏えいした事件を契機として，個人情報保護の一環として電子メールによる派遣社員等の個人情報漏えいを防止することを目的として，電子メールをチェックしている．なお，同社では，事前に電子メールの利用者に対して電子メールのチェックを行う旨説明している．

---

**Q7**　社員名簿の管理は，どうしたらよいのか？

**A7**　最近では，社員名簿を作成し社員に配付する企業は少なくなりつつある．これは，社員名簿作成のコスト低減という理由だけではなく，個人情報保護意識の高まりも理由と考えられる．

　社員名簿の外部流出などを防止するためには，社員名簿の作成・配付

を取りやめることも有効な方法である．上司が部下を管理するために自宅住所，電話番号などを知ることは必要なことであり問題になることは少ないが，直接関係のない社員の情報まで知る必要性は少ないので不用意に社員名簿を広く配付すると社員の個人情報保護の視点から，問題になる可能性がある．

社員の流動化が進み，企業文化や職場慣行が大きく変化しつつある状況を考えると，社員名簿の作成そのものを見直す時期に来ていると考えられる．

**Q8** イントラネットで社員の趣味・特技などの情報を公開し，社内のコミュニケーションをよくしようと考えているが，問題はあるか？

**A8** イントラネットは，社内に限定して公開されているものであり，本人が同意していれば問題は少ないと考えられる．保有資格，特技など業務上役立つ項目を公開し，趣味などの業務上必要がない事項については，任意の公開項目とすればよい．強制的にすべての情報を公開させると，問題になる可能性がある．

イントラネットは，社内向けのネットワークであり，セキュリティ対策が万全ならば外部に公開されることは少ない．しかし，ファイアウォールの設定ミスや修正パッチあて（セキュリティ上の欠陥を改善するもの）の失念などによりセキュリティホールがある場合には，外部から不正アクセスされて，情報が漏えいするリスクが発生する．また，データをダウンロードして持ち出されるおそれもある．したがって，セキュリティ対策を適切に行っておくことが，イントラネットで情報公開する場合の前提条件となる．

なお，インターネットで社員の個人情報を公開する場合には，慎重な対応が必要である．例えば，営業担当者の自宅の住所や電話番号については，業務上公表する必要はないので，ホームページに掲載すべきでは

ない．嫌がらせやストーカー行為などに用いられたりするおそれがあるので，注意が必要である．

Q9 ネットビジネスでは，個人情報を収集できないのか？

A9 ネットビジネスは，インターネットを通じて商品の販売などを行うビジネスであり，インターネットを通じて住所・氏名などの個人情報を収集することは，ネット取引を行ううえで必要なので問題はない．ただし，収集目的を明確にしていない場合や不正な収集などを行っている場合には，個人情報保護法に違反するおそれがある．

インターネット上で個人情報が第三者に漏えいしないように，暗号化を図るなどのセキュティ対策を忘れてはならない．店頭で直接顧客から個人情報を収集する場合や営業担当者が訪問して個人情報を収集する場合と異なり，インターネットという非安全地帯を経由して個人情報を収集する場合には，セキュリティ対策が不可欠である．

Q10 ネット通販などのビジネスにおいて，個人情報保護の視点から注意すべきことは何か？

A10 B to C の電子商取引では，インターネットを通じて個人情報を収集するので，店頭販売や訪問販売と異なるリスクがある．リスクに対応するために，次のような対応をとる必要がある．

### (1) プライバシーポリシーの明示

ホームページ上に次のような事項(JIS Q 15001 を参照)を明記したプライバシーポリシーを掲載する．

① 個人情報に関する管理者の氏名(代理者，職名)，所属，連絡先
② 収集目的
③ 個人情報を外部に提供する場合の目的，提供先または提供先の組織の種類，属性，個人情報の取扱いに関する契約

④　個人情報を外部に預託する場合のその旨
⑤　当社に個人情報を提供することの任意性，情報を提供しなかった場合に本人に生ずる影響
⑥　個人情報の開示請求，情報に誤りがある場合の訂正・削除を要求する権利

**JIS Q 15001**

**4.4.2.4　情報主体から直接収集する場合の措置**

　情報主体から直接に個人情報を収集する場合には，情報主体に対して，少なくとも，次に示す事項又はそれと同等以上の内容の事項を書面若しくはこれに代わる方法によって通知し，情報主体の同意を得なければならない．

a)　事業者の内部の個人情報に関する管理者又はその代理人の氏名若しくは職名，及び所属並びに連絡先．

b)　収集目的．

c)　個人情報の提供が行うことが予定される場合には，その目的，当該情報の受領者又は受領者の組織の種類，属性及び個人情報の取扱いに関する契約の有無．

d)　個人情報の預託を行うことが予定されている場合には，その旨．

e)　情報主体が個人情報を与えることの任意性及び当該情報を与えなかった場合に情報主体に生じる結果．

f)　個人情報の開示を求める権利，及び開示の結果，当該情報が誤っている場合に訂正又は削除を要求する権利の存在，並びに当該権利を行使するための具体的な方法．

## (2) 暗 号 化

　インターネット上での情報漏えいを防止するためにSSL(secure

sockets layer：WWW 上でデータを安全に送受信するための業界標準プロトコル）などの仕組みを導入する方法がある．

### （3） 重要情報の取扱い

ユーザー ID やパスワードなど特に重要な情報は，郵送などの方法も検討する．

### （4） 目的外利用の禁止

収集した個人情報を収集目的以外のことに利用しないこと．

### （5） 不正アクセス対策

不正アクセスによって個人情報が漏えいしないように対策を講じる．例えば，Web サイトには，個人情報データベースを置かないようにする．

### （6） 問合せ窓口の明確化

問合せ先の電子メールアドレスや電話番号を明示し，顧客からの問合せに迅速かつ適確に対応できるようにする．

---

**Q11** 法人顧客の場合には，情報保護について，個人顧客とどのような点が違うのか？

**A11** 個人情報は，個人顧客や個人事業者が対象である．したがって，法人顧客の情報は個人情報に該当しないので，個人情報保護法や個人情報保護ガイドラインの対象ではない．

しかし，取引上の情報については，守秘義務契約が締結され第三者に開示したり，漏えいしたりすると契約違反になることがある．自社にとっても，商品の仕入単価や原価，支払条件などが第三者に漏れると取引

**図表付3** 情報保護における個人顧客と法人顧客

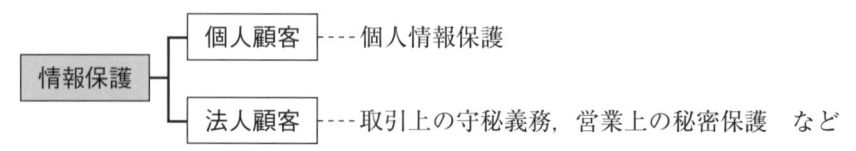

情報保護 ─┬─ 個人顧客 ---- 個人情報保護
          └─ 法人顧客 ---- 取引上の守秘義務，営業上の秘密保護　など

を行う場合に支障が生じることが少なくない．そこで，法人顧客の情報についても，第三者への開示や漏えいなどが発生しないように個人情報に準じた取扱いが必要になる(図表付3参照)．

## 2. 個人情報の収集にかかわるQ＆A

Q12　発信者情報通知サービスを利用して，個人情報を収集してもよいのか？

A12　発信者情報通知サービスは，電話を受信した際に相手の電話番号が表示される機能であり，企業では顧客対応を効率的に行うことなどを目的として利用されることが多い．個人顧客の場合には，電話番号を記録保存するために顧客の了解が必要になる．顧客の電話番号を保存せずに，一時的に利用するだけなら，特に問題がないと考えられる．発信者情報通知サービスの取扱いについては，1996年に策定された総務省(旧郵政省)「発信者情報通知サービスの利用における発信者個人情報の保護に関するガイドライン」を参照されたい．

---

発信者情報通知サービスの利用における
発信者個人情報の保護に関するガイドライン

2. 定義
　(1)　略
　(2)　略
　(3)　記録
　コンピューター等による自動処理を行うかどうかにかかわらず，通知された発信者個人情報を後に取り出すことができる状態で保存することをいう．ただし，発信者に対して折り返し通信を行う目的で一時的に発信者個人情報を保存する場合を除く．

## 付録1 個人情報にかかわるQ&A

> 3. 発信者個人情報の記録の制限等
>    (1) 略
>    (2) 事業用サービス利用者は，発信者個人情報の記録を行う場合，情報主体に対し，発信者個人情報を記録すること及び記録目的を告げなければならない．ただし，情報主体が既にこれを知っている場合はこの限りではない．
>    (3) 略

**Q13** ホームページでアンケート調査を行う場合は，どうすればよいか？

**A13** マーケティングや営業活動に生かすために，ホームページ（Webシステム）でアンケート調査を行い，住所，氏名，電子メールアドレスなどの個人情報を収集する場合には，情報主体の同意（個人情報保護法では，利用目的の通知・公表）が必要である（図表付4参照）．具体的には，ホームページに①個人情報の収集目的，②個人情報の管理者，③外部への提供の有無および契約の締結状況，④個人情報提供の任意性などについて，わかりやすく表示しておく必要がある．また，アンケート情報の利用・保存に際しては，情報漏えいが生じないように適切に保護するとともに，収集目的の範囲内で利用するように徹底する必要がある．

**図表付4** インターネットによる個人情報の収集

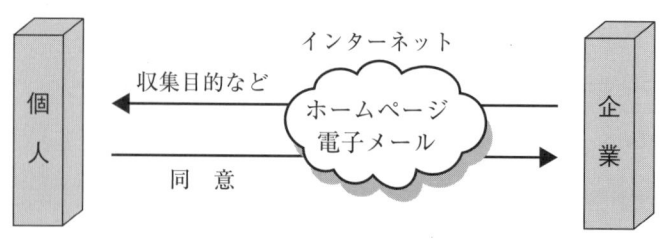

## 2. 個人情報の収集にかかわるQ&A

なお，ホームページへの収集目的などの掲示や電子メールでの収集目的の通知は，個人情報保護ガイドラインの「電磁的記録の送信の方法」に該当すると考えられる．

---

**個人情報保護ガイドライン**

（通信網を利用して電磁的記録を送受信する場合の通知）
第24条　通信網を利用して電磁的記録を送受信する場合において，送受信の相手先に関する個人情報を通信網により収集する企業等については，送受信の相手先たる情報主体に対しては，このガイドライン第8条，第9条，第12条，第14条及び第15条に定める情報主体への書面による通知に代えて，電磁的記録の送信の方法による通知を行うことができる．

---

**Q14**　ネットビジネスでの個人情報収集で留意すべきことは何か？

**A14**　ネットビジネスでは，インターネットを利用して取引を行ううえで，個人情報を取扱うことが避けられない．顧客側からみると，個人情報が適切に管理されていなければ，安心して取引ができないので，個人情報保護の状況がビジネスの成否に大きな影響を及ぼすことになる．

具体的には，ホームページ上にプライバシーポリシーを明示する必要がある．プライバシーポリシーを明示している企業には，例えば，ネット証券，ネット銀行，ネット通販企業などがある．プライバシーポリシーでは，個人情報の収集，利用，提供，保管，廃棄などの取扱いについて，個人情報保護ガイドラインなどに準じて定められたものが多い．プライバシーポリシーの策定にあたっては，法令・ガイドラインや他社事例を参考にするとよい．

**Q15**　紳士録などから個人情報を収集してもよいのか？

付録1　個人情報にかかわるQ&A

**A15**　紳士録は外部に公開された個人情報である．本人も公開されることを前提に個人情報を提供していると考えられるので，紳士録などから個人情報を収集することには特に問題はないと考えられる．電話帳から電話番号を収集することも，電話加入者に対して電話番号を電話帳に掲載してよいか（開示してよいか）について確認したうえで行っていることを考えれば特に問題はないと考えられる．しかし，そうした個人情報の収集を行っていることは，本人に対して通知または公表することが必要になる．

一方，学校の同窓会名簿，サークルや同好会の会員名簿などについては，公開することを目的としたものではないので，これらのものから個人情報を収集すると問題になるおそれが大きい．したがって，個人情報を収集する情報源が，公開を目的としたものなのか，非公開のものなのかを判断する必要がある．

公開情報から収集した個人情報を利用して営業活動を行う場合には，次のような点に留意しなければならない．

① 情報主体は，営業活動で利用することまで了解しているとはいえないこと．
② 情報が古い内容であるかもしれないこと．
③ 情報主体の申し出によって個人情報の利用停止，個人情報の削除をすることができるような仕組み（オプトアウト）の確立と情報主体への通知・公表が必要なこと．

**Q16**　Webサイトから個人情報を収集してもよいのか？
**A16**　Webサイトで一般に公開されている情報を収集し利用することは，紳士録などの公開情報から個人情報を収集する場合と同様だと考えられるので，大きな問題はないと考えられる．しかし，次の事項に注意する必要がある．

## 2. 個人情報の収集にかかわる Q & A

① 特定のメンバーを対象に公開されたWebサイトの場合には，当該情報を収集して利用することには問題があると考えられる．こうしたWebサイトに氏名，電子メールアドレスなどの個人情報を掲載することは，メンバー内での親睦を図ったり，情報交換を行ったりすることなどを目的としているからである．学校の同窓会名簿や同好会の名簿などと同様と考えればよい．

② 公開情報を利用して営業活動（電子メール，電話，DM，訪問など）を行う場合には，情報主体からクレームが寄せられることが考えられる．したがって，どのようなWebサイトから情報を収集したのかについて説明できるようにするとともに，当該個人情報の利用停止，または削除に対応できるようにすることが必要である．

③ 個人情報の内容の正確性に注意すること．Webサイトで公開されている情報は，常に最新のものとは限らない．古い内容であったり，氏名や電子メールアドレスなどに誤りがあったりすることがある．したがって，公開された個人情報を利用する場合には，このような点についても考慮する必要がある．

④ Webサイトでの個人情報の公開目的を考慮して，それと異なる目的に利用することは，大きな問題になるおそれがあるので注意しなければならない．例えば，スポーツ関係のWebサイトで公開された個人情報を利用して，スポーツ用品のセールスを行うことは，情報主体にとって大きな違和感を感じることは少ないと思われるが，不動産のセールスに利用するときには，クレームになるおそれが大きい．

⑤ Webサイトで公開されている個人情報が，本人の同意を得ていない場合もあるので，Webサイトの信頼性についても考慮する必要がある．社会的に信頼性が低いWebサイトの情報は，後日のトラブルを回避するためにも利用しないことが望ましい．

## 付録1　個人情報にかかわるQ&A

いずれにしても，個人情報を利用する場合には，企業倫理，情報倫理を踏まえた対応が必要になる．

**Q17** どのような個人情報でも収集してよいのか？

**A17** 個人情報には，収集してはならない情報がある．人種，門地，信教，政治的見解，保健医療などに関する事項は，"特定の機微な個人情報"（sensitive data）と呼ばれ，JIS Q 15001 などでは，収集すること自体が禁止されている．ただし，明示的な情報主体の同意，法令などに特別の規定がある場合，司法手続上必要不可欠である場合は除かれている．なお，個人情報保護法には，特定の機微な情報の収集に関する定めは特にないが，JIS Q 15001 や個人情報保護ガイドラインの定めに従って取り扱うとよい．

### JIS Q 15001

**4.4.2.3　特定の機微な個人情報の収集の禁止**

次に示す内容を含む個人情報の収集，利用又は提供は行ってはならない．ただし，これらの収集，利用又は提供について，明示的な情報主体の同意，法令に特別の規定がある場合，及び司法手続上必要不可欠である場合は，この限りでない．

a) 思想，信条及び宗教に関する事項．

b) 人種，民族，門地，本籍地（所在都道府県に関する情報を除く.），身体・精神障害，犯罪歴，その他社会的差別の原因となる事項．

c) 勤労者の団結権，団体交渉及びその他団体行動の行為に関する事項．

d) 集団示威行動への参加，請願権の行使，及びその他の政治的権利の行使に関する事項．

e ) 保健医療及び性生活.

---
**個人情報保護ガイドライン**

（特定の機微な個人情報の収集の禁止）
第7条 次に掲げる種類の内容を含む個人情報については，これを収集し，利用し又は提供してはならない．ただし，当該情報の収集，利用又は提供についての情報主体の明確な同意がある場合，法令に特段の規定がある場合及び司法手続上必要不可欠である場合については，この限りでない．
（1） 人種及び民族
（2） 門地及び本籍地（所在都道府県に関する情報を除く）
（3） 信教（宗教，思想及び信条），政治的見解及び労働組合への加盟
（4） 保健医療及び性生活

---

**Q18** 収集目的を明確にすれば，どのような目的であっても個人情報を収集してよいのか？

**A18** 企業などの正当な事業の範囲内で，その目的の達成に必要な範囲内で行わなければならない．したがって，自社の事業目的と大きく異なる目的や不正な利用を目的として，個人情報を収集することには問題がある．一般的には，定款で定めた事業などが正当な事業の範囲に該当すると考えられる．

**Q19** 収集目的が企業秘密の場合には，収集目的を隠してもよいのか？

**A19** 収集目的を明確にしないで個人情報を収集することはできない．

収集目的を明確にしないで，個人情報を提供することは，個人の立場からみると白紙委任状を渡すようなものであり，個人情報を提供することに不安が生じるからである．なお，個人情報保護法でも，利用目的(収集目的)をできる限り特定することが定められている(第15条)．

## 3. 個人情報の利用にかかわるQ＆A

Q20 ホームページにお客様の声を載せる場合に，留意すべきことは？

A20 自社製品やサービスなどに対するお客様の感想，意見などを掲載し，自社のPRに利用することがある．このような場合には，次の点に留意する必要がある．

① お客様の氏名などを掲載する場合には，事前に必ず本人の同意を得ること．できれば，後日のトラブルを防止するために書面による同意を得ておくとよい．

② お客様の写真，音声，ビデオ映像などを掲載する場合にも，①と同様の取扱いをする必要がある．

③ お客様の氏名などを明記しない場合，例えば仮名を使うような場合でも，お客様本人が特定されることのないように注意する必要がある．

④ お客様の感想，意見などの内容に誤りがないようにチェックすること．氏名を間違えたり，感想などの内容を間違えたりすると，思わぬトラブルにつながることがある．担当者と管理者のチェックなど複数の者が確認するようにすること．

⑤ お客様の感想，意見などについて，企業側で勝手に内容を変更しないこと．

## 3. 個人情報の利用にかかわる Q&A

**Q21** 収集時には考えていなかったことに、個人情報を利用できるか？

**A21** 収集時に明示した目的の内容によって利用できる場合と利用できない場合がある．収集時に考えていなかった利用方法でも、収集時に明示した収集目的に含まれており、個人情報の預託（外部委託）などの取扱いに変更がなければ、特に問題はないと考えられる．しかし、収集目的に明示されていない目的で利用する場合には、情報主体の同意を得る必要がある．例えば、利用目的、情報管理責任者などを明記した書面を情報主体に送付し、回答を得る方法がある．電子メールなどで行う方法も考えられる．

いずれにしても、当初想定していなかった個人情報の利用を行う場合には、収集目的と照らし合わせて、その範囲内であるか、個人情報の預託などの取扱いに変更がないか、個人情報の管理責任者や問合せ窓口などに変更がないか、などについて確かめる必要がある．利用目的（収集目的）の達成に必要な範囲を超えて利用する場合には、情報主体の同意が必要になること（個人情報保護法第16条第1項）に、注意しなければならない．

**Q22** 電子メールで顧客に商品やサービスに関するさまざまな情報を提供しているが、気をつけることは何か？

**A22** 電子メールで個人顧客に対して情報提供を行う場合には、電子メールアドレスをどのようにして収集したかがカギになる．電子メールアドレスの収集時に、商品やサービスなどの情報提供に利用することを明確にしていれば特に問題はない．しかし、本人の同意を得ずに電子メールアドレスを収集した場合には、トラブルになる可能性がある．

一般的に顧客の来店時に顧客の個人情報を収集したり、電話，FAX，インターネットなどを通じて個人情報を収集したりすることが多い．こ

のような場合，自社の営業活動に個人情報を用いることを明確にしておけば，安心して電子メールを利用した情報提供を行うことができる．

なお，電子メールによる一方的な商業広告の送りつけ(迷惑メール)については，電子メールの件名欄の冒頭に「未承諾広告※」と表示することなどが義務づけられている．詳しくは，「特定商取引に関する法律」(2002年4月12日改正，2002年7月1日施行)および「特定電子メールの送信の適正化等に関する法律」(2002年7月1日施行)を参照されたい．また，総務省のホームページ「迷惑メール関係施策」を参照されたい．
http://www.soumu.go.jp/joho_tsusin/top/m_mail.html

**個人情報保護ガイドライン**

(自己情報の利用又は提供の拒否権)
第21条　企業等が既に保有している個人情報について，情報主体から自己の情報についての利用又は第三者への提供を拒まれた場合には，これに応ずるものとする．ただし，公共の利益の保護又は企業等若しくは個人情報の開示の対象となる第三者の法令に基づく権限の行使又は義務の履行のために必要な場合には，この限りでない．

**JIS Q 15001**

4.4.5.2　個人情報の利用又は提供の拒否権
　事業者が保有している個人情報について，情報主体から自己の情報についての利用又は第三者への提供を拒まれた場合には，これに応じなければならない．

[Q23]　モバイル端末(パソコン)の画面を顧客に見せながら，ビジネスを行っているが，問題はないか？

[A23]　モバイル端末を顧客に見せながらビジネス活動を行うこと自体

については，特に問題がない．モバイルコンピューティングを導入したビジネスモデルで考えられる使い方である．ただし，モバイル端末の画面には，さまざまな個人情報が表示されるので，次の点に注意する必要がある．

① 他の顧客などの個人情報が見られないようにすること．
② 当該顧客に見せている個人情報をどのように収集したかを明確に説明できるようにしておくこと．
③ 内容に誤りがある場合には，速やかに訂正できる体制にしておくこと．
④ 当該顧客に対する評価情報（例えば，営業担当者による得意先の評価など）の扱いに注意すること．

なお，モバイル端末の紛失や盗難が発生しないように，情報機器や記録媒体の取扱いについては，十分に気をつけなければならない．万一，機器などの紛失，盗難が発生しても簡単に情報が見られないように，情報の暗号化，ユーザーIDおよびパスワードによるアクセスコントロールなどのセキュリティ対策を行う必要がある．

## 4. 個人情報の提供にかかわるQ&A

[Q24] 個人情報を第三者に提供できるケースは，どのような場合か？

[A24] 有償，無償にかかわらず第三者に提供することは，原則としてできない．個人情報は，自社の事業遂行のために収集・利用しているので，それを社外に提供することはできない．第三者からこのような申し出があった場合には，個人情報保護法や個人情報保護ガイドラインなどの考え方を説明して，お断りする必要がある．つまり，業務提携先や，友好関係にある取引先から，自社の保有する個人情報の提供を求められた場合には，安易にこうした要求に応じてはならない．

しかし，個人情報を収集する際に，第三者への提供について明確にして，あらかじめ情報主体への通知を行っている場合には，第三者に提供することができる（個人情報保護法第23条第2項）．

> **参考：個人情報の第三者への提供（例）**
>
> 貸金業やクレジット業では，多重・多額債務問題への対応や，クレジット社会の健全な発展のために，延滞などの事故情報を交換している．わが国の信用情報機関には，全国銀行個人信用情報センター（全銀協），シー・アイ・シー（CIC），日本情報センター（JIC），セントラル・コミュニケーション・ビューロー（CCB）がある．

**Q 25** 収集した個人情報を他企業に販売してもよいのか？

**A 25** 収集時に外部への個人情報の販売を明確にして本人の同意を得ていれば販売できるが，そのような同意がない場合には他企業などへの販売はできない．個人情報を収集する際に，どのような内容について同意を得ているのかを確かめる必要がある．

個人情報の収集時に情報主体の同意を得ておけば他企業への個人情報の販売が可能であるが，外部への提供に関する事項を明示していなかったり，わかりづらい表現にしておいたりすると，個人情報の第三者への提供が大きな問題になる可能性がある．

個人の立場からみると，自分の情報が他企業と売買されることについて，同意することは少ないと思われるので，個人情報を収集してそれを他企業に販売するようなビジネスは，情報主体のメリットがなければ現実的には成立しないと考えられる．

**Q 26** 社外の友人から顧客に関する情報の提供を求められたが，どうすればよいか？

A 26　断るべきである．企業が保有する顧客情報(個人情報)を個人的な目的のために使用してはならない．個人情報保護法の第三者提供の制限(第 23 条)や個人情報保護ガイドラインの"目的外の利用"に違反するおそれがある．また，就業規則等での処罰の対象になることもある．このような個人情報の提供要求に応じてしまい，問題となる事件も発生しているので，個人情報の適切な取扱いを徹底するために，アクセスコントロールの強化，従業員教育の徹底などを推進する必要がある．

企業等にとっては，従業者の監督(個人情報保護法第 21 条)について，責任が問われるおそれがあるので，注意しなければならない．

---

**個人情報保護法**

(第三者提供の制限)

第二十三条　個人情報取扱事業者は，次に掲げる場合を除くほか，あらかじめ本人の同意を得ないで，個人データを第三者に提供してはならない．

一　法令に基づく場合

二　人の生命，身体又は財産の保護のために必要がある場合であって，本人の同意を得ることが困難であるとき．

三　公衆衛生の向上又は児童の健全な育成の推進のために特に必要がある場合であって，本人の同意を得ることが困難であるとき．

四　国の機関若しくは地方公共団体又はその委託を受けた者が法令の定める事務を遂行することに対して協力する必要がある場合であって，本人の同意を得ることにより当該事務の遂行に支障を及ぼすおそれがあるとき．

　　(以下略)

付録1　個人情報にかかわるQ＆A

**Q27**　アンケート調査で収集した個人情報を，社内の営業部門に提供して，営業活動で使用してもよいか？

**A27**　アンケート実施時に，どのような内容で情報主体の同意を得ているかによって異なる．

**（1）　営業活動への利用について同意を得ている場合**

　アンケートで収集した個人情報を営業活動に使用しても問題はない．

　ただし，アンケート収集時に収集目的を公表・通知，または同意を得ていても，情報主体の考えが変わることもあるので，情報主体が拒否できるような仕組みを整備する必要がある．例えば，営業担当者が情報主体から営業活動で個人情報を利用することを拒否されているにもかかわらず，別の営業担当者が同一の情報主体に再度営業活動を行ってしまうと，トラブルになるおそれがある．

**（2）　営業活動への利用について同意を得ていない場合**

　アンケートで収集した個人情報を営業活動に使用してはならない．一旦入手するとそれを自由に利用できると思いがちであるが，個人情報については目的外に利用してはならない．アンケート収集時に，アンケート調査のために利用するとして同意を得ている場合には，その他の目的に利用できないし，アンケート調査で収集した個人情報を社外に提供することも当然ながらできないことになる．

---

**JIS Q 15001**

4.4.3.1　利用及び提供の原則

　個人情報の利用及び提供は，情報主体が同意を与えた収集目的の範囲内で行わなければならない．

　なお，次に示すいずれかに該当する場合には，情報主体の同意を必要としない．

　a）　法令の規定による場合．

> b) 情報主体及び/又は公衆の生命，健康，財産などの重大な利益を保護するために必要な場合．

**Q28** 親会社で収集した個人情報を関係会社に提供しても問題はないか？

**A28** 収集時に関係会社へ提供することについて情報主体の同意を得ていない場合は，提供できない．同じ企業グループということで，独立した企業という意識が弱くなりがちなので，注意が必要である．

ただし，個人情報を収集する際に関係会社へ個人情報を提供することについて同意を得ていれば，その範囲内で提供することには問題ない．また，関係会社へ個人情報を提供しようとする際に，事前に情報主体の同意を得てから行うのであれば問題はない．

個人情報保護法では，個人データを特定の者との間で共同して利用する場合には次の事項についてあらかじめ本人に通知するか，本人が容易に知り得る状態にしておくことが求められている（第23条第4項）．

① 個人データを共同利用すること
② 個人データの項目
③ 共同利用する者の範囲
④ 利用目的
⑤ 管理責任者の氏名または名称

**Q29** 官公庁から顧客に関する問合せがあったが，どのように対応すべきか？

**A29** 個別に判断する必要がある．法令等にもとづく問合せの場合には，個人情報を開示することが必要になる場合がある．例えば，裁判所の命令にもとづくケースが考えられる．しかし，法令にもとづく問合せ

であっても，必ずしも対応する必要がない場合もあるので，案件ごとに判断する必要がある．

## 5. 外部委託をしている場合の個人情報の取扱いにかかわるQ＆A

Q30　個人情報にかかわるシステム処理を外部に委託しようと考えているが，問題はないか？

A30　必要な条件を満たしていれば，問題はない．システム処理は，その一部またはすべてを外部に委託することが多い．外部委託を行う場合には，次の点に留意する必要がある．

（1）　適切な委託先の選定

　　個人情報の保護水準が十分な委託先を選定する．

（2）　契約などの法律行為による個人情報保護

　①　個人情報管理責任者または個人情報管理者の指示の遵守
　②　個人情報の秘密保持
　③　個人情報の再提供の禁止
　④　事故時の責任分担の明確化

（3）　契約書などの保存

　これらの要件を満たす際には，個人情報保護だけではなく，アウトソーシグにあたって定められる次の事項についても併せて検討する必要がある．

　①　委託料の金額および支払方法
　②　情報処理などに関する内容およびサービス水準
　③　責任および権限
　④　瑕疵担保責任
　⑤　損害賠償
　⑥　監査権（検査権）

⑦　システムトラブルなどの発生時の緊急対応，報告義務
⑧　その他

---

**個人情報保護法**

（委託先の監督）
第二十二条　個人情報取扱事業者は，個人データの取扱いの全部又は一部を委託する場合は，その取扱いを委託された個人データの安全管理が図られるよう，委託を受けた者に対する必要かつ適切な監督を行わなければならない．

---

**個人情報保護ガイドライン**

（個人情報の委託処理に関する措置）
第十九条　企業等が，情報処理を委託する等のため個人情報を外部に預託する場合においては，十分な個人情報の保護水準を提供する者を選定し，契約等の法律行為により，管理者の指示の遵守，個人情報に関する秘密の保持，再提供の禁止及び事故時の責任分担等を担保するとともに，当該契約書等の書面又は電磁的記録を個人情報の保有期間にわたり保存するものとする．

---

**Q31**　Web システムの運用を外部に委託したいのだが，問題はないか？

**A31**　個人情報保護を担保するための措置がとられれば，問題はない．システム処理の外部委託と同様に考えればよい．ただし，Web システムの運用を外部に委託する際には，通常の業務システムと異なり，次のような点に注意する必要がある．

　①　他社の Web システムと一緒に自社の Web システムを運用していることがあるので，その有無を確かめ，適切に区分して管理され

ていること．
② 不正アクセスを防止するための措置（ファイアウォールなど）がされていること．
③ パスワードの管理が適切に行われていること．
④ WebシステムとWeb以外のシステムとの連携に問題がないこと．
⑤ 情報セキュリティに関する内部監査または外部監査が実施されていること．
⑥ バックアップが適切であること．
⑦ Webシステムへアクセスできるシステム管理者が特定されていること．
⑧ 情報セキュリティポリシーが策定されていること．
⑨ Webシステムの変更管理の取扱いが定められ，遵守されていること．

なお，個人情報保護法では，委託先の監督について定められている（第22条）ので，外部委託先に個人情報保護を任せきりにしないで，適切な監督を行う必要がある．

Q32 事務所の清掃を清掃会社に委託しているが，個人情報保護の視点から注意することは何か？

A32 清掃業務は，通常，事務所内全体が対象となっており，個人情報が記載された文書，出力帳票や，端末などを見たりできる機会がある．そこで個人情報にかかわるシステム処理の外部委託に準じた個人情報のセキュリティ対策が必要になる．

具体的には，次のような事項を契約等で明確にする必要がある．

① 守秘義務
② 受託側の責任
③ 損害賠償

## 5. 外部委託をしている場合の個人情報の取扱いにかかわるQ&A

④ 責任者の明確化
⑤ 従業員の教育
⑥ 監査権（検査権）

この他に，特に重要なエリアについては，社員による清掃や，清掃作業時の社員の立会いなどの対応を行うとよい．

**Q33** 代理店に端末を設置して，業務を委託しているが問題はないか？

**A33** 個人情報保護に関する契約を締結し，委託業務に必要な情報以外の個人情報にアクセスできないようにするなど，適切な個人情報保護の水準を確保するための措置がとられていれば問題はない．また，個人情報を収集する際に，プライバシーポリシーのなかで，代理店などが個人情報を取り扱うことがあること，当該代理店とは個人情報保護に関する契約を締結するなどして個人情報保護に関する措置を講じていることを明確にするとよい（図表付5参照）．

個人情報の漏えいなどを防止するために，定期的に個人情報保護監査を実施して，セキュリティ水準の確保に努めるとよい．そのために，代理店と個人情報の管理状況などに関する監査権を確保するための契約を締結しておくことが望ましい．

加えて，代理店の従業員などに対する個人情報保護教育を実施して，代理店の従業員の個人情報保護意識を高める必要がある．いわゆる，情

**図表付5** 個人情報の預託における個人情報保護

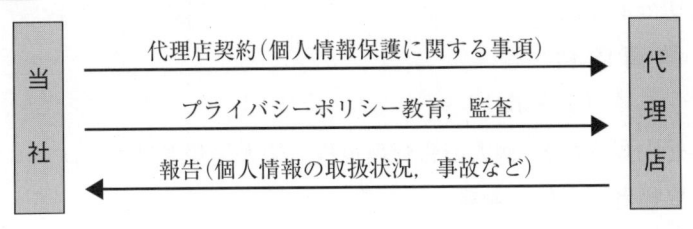

当社 →代理店契約（個人情報保護に関する事項）→ 代理店
当社 →プライバシーポリシー教育，監査→ 代理店
当社 ←報告（個人情報の取扱状況，事故など）← 代理店

報倫理教育の一環として,個人情報保護教育を実施すると良い.

Q34 Webを使ったシステムを代理店に使用させているが,注意することは何か？

A34 インターネット経由でアクセスするシステムの場合には,ユーザIDとパスワードなどによるアクセス管理が特に重要である.ユーザIDやパスワードなどが第三者に漏えいしないように管理を徹底させる必要がある.具体的には,次の事項に注意する必要がある.

① パスワードを定期的に変更すること
② 共通のユーザID・パスワードではなく,個人単位にユーザID・パスワードを付与すること
③ アクセス状況のモニタリングを行うこと.
④ 業務上での必要性を十分検討し,代理店が利用する必要がある機能や情報と,代理店が利用する必要のない機能や情報を明確に区分し,アクセスコントロールを行うこと.
⑤ バイオメトリックス(生体認証)などパスワード以外のアクセス管理についても検討すること.

## 6. 個人情報の管理(教育・監査を含む)にかかわるQ&A

Q35 社員教育はどのように行えばよいか？

A35 個人情報保護に関して,次のような社員教育を定期的に行うことが大切である.

### (1) 教育内容

① プライバシーポリシー
② 社内規程など(個人情報管理規程,個人情報取扱マニュアル)
③ 取扱者の責任と義務

④ 個人情報保護の必要性,ビジネスにとっての意義
⑤ 個人情報にかかわるリスクとビジネスへの影響
⑥ その他

### (2) 対象者
役員,社員,パート,派遣社員,代理店など,自社の個人情報の取扱者全員.

### (3) 教育のタイミング
社員研修などのタイミングに合わせて実施すると効率的である.

### (4) 教材
ビデオ,個人情報保護に関するクイズ(理解度テスト),マニュアルなど.

### (5) その他
イントラネットからプライバシーポリシー,個人情報管理規程,個人情報取扱マニュアルなどを照会できるように環境を整備するとよい.

**Q36** 個人情報の管理をチェックするためにはどうしたらよいか?

**A36** 定期的に監査を実施して個人情報管理について点検・評価する.監査には,内部監査部門が監査を行う方法と,外部監査人に委託して監査を行う方法がある.個人情報保護監査は,会計監査とは異なって,個人情報にかかわるコンピュータ処理,運用およびシステムの利用状況を中心に監査することになるので,システム監査人による監査を行うことが有効である.

個人情報保護監査は,次のように実施するとよい.

### (1) 監査の実施者
内部監査部門または外部の監査法人などのシステム監査人.

### (2) 監査の概要
① 個人情報の取扱い状況

1) 情報セキュリティポリシー,個人情報管理規程,個人情報取扱マニュアルなどに定められた手続が周知・徹底されているか.
2) 情報セキュリティポリシー,個人情報管理規程,個人情報取扱マニュアルなどに定められた手続に従って,個人情報の収集・利用・管理・廃棄などが取り扱われているか.
3) 個人情報管理規程や個人情報取扱マニュアルなどの改訂が行われているか.
4) 機器や保存媒体の管理,取扱いが適切か.
5) パスワード管理が適切か.

② 個人情報を扱うシステムの開発
1) 個人情報の収集目的を明確化し,本人の同意を得る仕組みが考えられているか.
2) アクセスコントロール機能が適切か.
3) 個人情報の目的外利用,目的外提供を行うことを考えていないか.考えている場合には,必要な措置をとっているか.

③ 監査の実施タイミング
1) 個人情報の取扱い,システムの利用に関する監査は,定期的に実施すると有効である.
2) 個人情報を取り扱うシステムを開発する場合には,システムの企画段階で監査するとよい.例えば,CRMシステムの開発では,個人情報の適正な利用と提供がカギとなるので,企画段階で個人情報保護の視点からシステム化の目的,システムの機能を監査しておく必要がある.なぜならば,システム稼働後に問題がわかっても,システムの改修を行うためには多大なコスト・手間がかかることがあるからである.場合によっては,システムそのものの利用に問題が生じる場合(個人情報の目的外利用・提供に該当し,個人情報データベースを利用できないケース)もあるので注意が

## 6. 個人情報の管理（教育・監査を含む）にかかわるQ＆A

**図表付6** 個人情報保護状況の自主点検

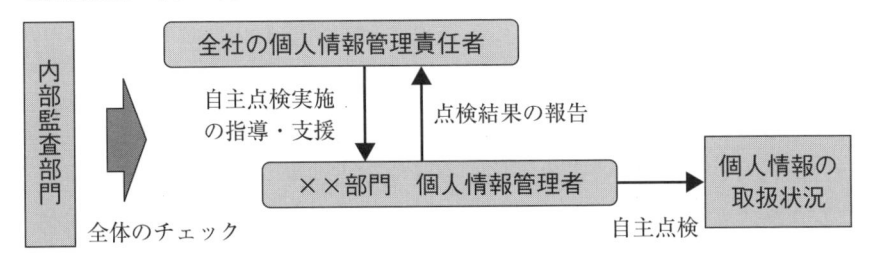

[図：内部監査部門（全体のチェック）→ 全社の個人情報管理責任者（自主点検実施の指導・支援／点検結果の報告）⇔ ××部門 個人情報管理者 →（自主点検）→ 個人情報の取扱状況]

必要である．

**Q37** 個人情報保護の監査はどのように行えばよいのか？

**A37** システムの利用状況を中心に監査を行う方法が最も効果的である．監査は，内部監査部門または外部監査人に委託して実施することになるが，個人情報の取扱者または取扱箇所のすべてを対象として監査を実施することは難しい．そこで，情報システムを利用してアクセスコントロールの有効性を確かめたり，パスワードの変更状況などを確かめたりする監査手法が適用されることになる．また，個人情報の取扱状況について，監査対象箇所をサンプリングで決めて，監査を実施する方法もある．

このほかに，CSA（control self assessment：統制自己評価）とよばれる方法がある．個人情報の取扱箇所において，管理者などが自箇所でのプライバシーポリシーの遵守状況をチェックし，その結果を内部監査部門に報告させる方法である（図表付6参照）．

**Q38** 小さな会社で内部監査部門がないのだが，どうしたらよいか？

**A38** 内部監査部門のない企業では，監査担当者を任命して，内部監査を実施する方法がある．監査担当者は専任であることが望ましいが，企業規模によっては，必ずしも専任である必要はない．

## 付録1　個人情報にかかわるQ＆A

監査担当者は，可能ならばシステム監査技術者，CISA（公認情報システム監査人）などの資格を有していることが望ましい．この他に，CIA（公認内部監査人），内部監査士などの資格もある．

監査担当者だけで個人情報保護監査を実施することが難しい場合には，外部に個人情報保護監査の実施を委託する方法もある．この場合には，「システム監査企業台帳」に登録された企業などに委託する方法がある．

**Q 39**　個人情報管理の最高責任者は誰にすればよいのか？

**A 39**　トップマネジメントを管理責任者にすることが望ましい．中小規模の企業では，社長を個人情報の管理責任者とするとよい．大企業では，社長自らが個人情報の管理責任者となることは難しいこともあるので，副社長や専務・常務などの役員を管理責任者にするとよい．誰が個人情報の管理責任者なのかによって，当該企業の個人情報保護に対する姿勢がわかるので，管理責任者の任命は，注意しなければならない．また，管理責任者の下に，補助者を設けることは，個人情報護を徹底させるために必要である．

企業における個人情報管理の最高責任者は，1名としたほうが責任の所在が明確になる．必要以上に管理責任者を多数指名して責任の所在を不明確にしてはならない．

なお，個人情報保護法では，管理責任者などの体制については具体的な定めは特にないが，JIS Q 15001（「4.4.1 体制及び責任」）や個人情報保護ガイドライン（第22条）では，個人情報保護に関する体制などについて定められているので，これを参考にするとよい．

---

**個人情報保護ガイドライン**

（代表者による管理者の指名）

第22条　企業等の代表者は，このガイドラインの内容を理解し実

> 践する能力のある者を企業等の内部から1名指名し，個人情報の管理者としての業務を行わせるものとする．

Q40　顧客などからの問合せ窓口をつくる必要があるか？

A40　顧客などからの個人情報保護に関する問合せ窓口を設置する必要がある．個人情報保護ガイドラインでは，自己の個人情報に関する開示請求，訂正・削除，利用・提供の拒否の権利があるので，これに対する窓口を設置する必要がある．情報主体が開示請求を行おうとした場合に，どこに請求すればよいのかがわからなければ，個人情報保護法で定める「開示等の求めに応じる手続」(第29条)に違反するおそれがある．また，JIS Q 15001では，個人情報およびコンプライアンス・プログラムに関する苦情および相談を受け付けて対応しなければならないと定めている．

> **JIS Q 15001**
>
> 4.4.7　苦情及び相談
> 　事業者は，個人情報及びコンプライアンス・プログラムに関して，情報主体からの苦情及び相談を受け付けて対応しなければならない．

## 7. 個人情報の廃棄にかかわるQ&A

Q41　帳票の廃棄をリサイクル業者に委託しているが，問題はないか？

A41　個人情報の記載された帳票の廃棄処理を外部委託すること自体には，問題がない．ただし，帳票の廃棄処理の過程(図表付7参照)で，個人情報が漏えいしないような措置を講じる必要がある．具体的には，

### 図表付7　帳票の廃棄処理のプロセス

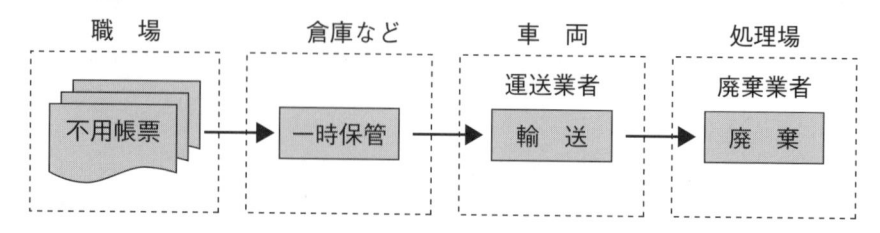

職　場　　　　倉庫など　　　　車　両　　　　処理場
　　　　　　　　　　　　　　　運送業者　　　廃棄業者
不用帳票　→　一時保管　→　輸　送　→　廃　棄

次のような対応が必要である．

### （1）　信頼できる廃棄業者および運送業者の選定

図表付7に示すように帳票の廃棄プロセスでは，運送業者や廃棄業者がかかわるので，これらの外部委託先企業が，個人情報の取扱いについて信頼できるかどうかがポイントになる．処理費用の比較など価格面の評価だけで安易に委託先を決めないように注意する必要がある．

業者のチェックポイントには，次のような事項がある．

① プライバシーポリシー，情報セキュリティポリシー，社内規程，マニュアルなどの整備状況
② 経営者の意識
③ 従業員教育
④ プライバシーマークの付与認定やISMS認証取得の有無
⑤ 内部監査体制（チェック体制）
⑥ 経営の安定性
⑦ 過去の事故の発生状況
⑧ その他（業界での評判など）

### （2）　輸送車両の適切性

帳票の輸送途中で帳票が紛失し，盗難することのないように，コンテナタイプの車両を使用させること．

### （3）　作業員の適切性

アルバイトの作業員だけではなく，必ず委託先の従業員が含まれるよ

うにさせる．また，作業員教育を定期的に実施させること．

### （4） 帳票の取扱いなどに関する契約の締結

委託先とは，次の事項を含む契約を締結するとよい．

① 自社のプライバシーポリシー，情報セキュリティポリシー，社内規程，マニュアルなどの遵守
② 守秘義務
③ 義務および責任
④ 損害賠償
⑤ 事故発生時の取扱い(応急対応，報告など)
⑥ 作業への立ち会い，検査
⑦ 従業員の監督
⑧ 従業員教育
⑨ その他個人情報の保護に必要な事項

Q42 リプレイスで不要になったパソコンの処理は，どのように行えばよいか？

A42 パソコンに保存された情報が第三者に見読され，漏えいしないようにしたうえで，廃棄などの処理を行うこと．パソコンに保存された情報は，削除コマンドを使用しただけでは消去できない点に注意する必要がある．削除コマンドは，保存されたデータのインデックス部分を削除するだけであり，情報自体が削除されるわけではない．したがって，パソコンの廃棄に際しては，次のような対応を講じる必要がある．

① ハードディスク部分の破壊
② データ消去用のソフトによる消去

なお，破壊によって情報を見読できないようにすることは，情報漏えいを防ぐ最も有効な方法であるが，パソコンがリースの場合には，所有権がリース会社にあるので，事前の相談が必要になる．

以上のような取扱いは，パソコンだけではなく，PDA (personal digital assistance：携帯情報端末)，外付タイプのハードディスクなどについても適用する必要がある．

**Q43** CD-ROM，USBフラッシュメモリ，MOディスク，フロッピーディスクなどを社内で再利用しているが，どのような点に気をつければよいのか？

**A43** 再利用する際には，関係者以外の者が情報を読むことのないように注意しなければならない．再利用するときには，再利用のための保存箱などにフロッピーディスクやMOディスクなどの記録媒体を入れておき，必要な者がそれを取り出して利用するといった方式がとられることがある．このような場合には，顧客などの個人情報が記録媒体に保存されたままで，それを業務上必要のない者が見読してしまうリスクがある．また，保存箱に入れてある記録媒体を外部に持ち出して第三者に売却してしまうおそれもある．したがって，記録媒体を再利用する場合には，次のような取扱いが必要である（図表付8参照）．

① 利用者に個人情報保護教育を徹底すること．
② 再利用する記録媒体に記録された情報を消去用のソフトウェア利用して見読できないように消去することを，従業員に徹底させること．

**図表付8** 記録媒体の再利用のポイント

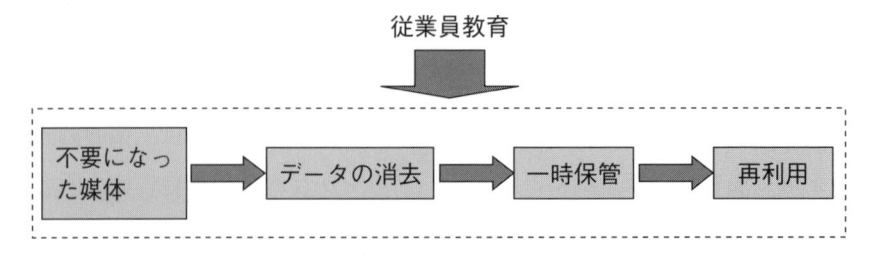

従業員教育
↓
不要になった媒体 → データの消去 → 一時保管 → 再利用

③ 再利用は，社内だけで行い，可能な限り同一部署内で行うこと．
④ 記録媒体に貼付されたラベルは，剥がしておくこと．
⑤ 再利用できない記録媒体は，破壊，専用ソフトによる消去などによって，情報が漏えいしないようにすること．

## 8. その他のQ＆A

Q44 個人情報保護関連の認定マークにはどのようなものがあるか？
A44 個人情報保護に関する認定マークには，次のようなものがある．

### （1）プライバシーマーク

国内で代表的なマークであり，㈶日本情報処理開発協会が付与している (http://privacymark.jp/)．プライバシーマークは，『個人情報保護に関するコンプライアンス・プログラムの要求事項 JIS Q 15001』に適合して適切な個人情報保護を行っている事業者に対して付与されるものである．

### （2）個人情報保護マーク

㈶日本データ通信協会が付与している．個人情報保護マークは，電気通信事業者または発信者情報通知サービスの事業利用者であり，自己の事業活動またはその活動目的を達成するために個人情報を取り扱う団体などが，個人情報取扱事業者として，一定の審査を経て登録された場合に，表示できるマークである (http://www.dekyo.or.jp/)．

### （3）オンラインマーク制度

㈳日本通信販売協会が付与している．オンラインマーク制度は，インターネットを利用した消費者向けの電子商取引において，適切な取引を行う事業者に対して付与される (http://www.jadma.org/)．個人情報の適切な保護も認定するための条件であり，個人情報保護の外部評価を行うマークの1つといえる．

### (4) BBBオンラインプライバシーシール

米国の非営利団体であるベター・ビジネス・ビューローが付与しているマークである．オンラインプライバシーシールは，同団体のBBBオンライン・プライバシー・プログラムの要求事項に適合したオンライン企業に対して付与される（http://www.bbbonline.org/）．わが国のプライバシーマークとの相互認証を行っている．

### (5) WebTrustマーク

米国公認会計士協会（AICPA）が，Webサイトの信頼性を監査して無限定意見の場合に当該WebサイトにWebTrustマークの使用を認めるものである（http://www.cpawebtrust.org/）．WebTrustには，業務開示の保証，取引完全性の保証，情報保護の保証という3つの原則がある．個人情報保護は，情報保護の保証に含まれる．

### (6) TRUSTeプライバシーシール

米国の非営利団体であるTRUSTeによって，個人情報保護が適切であることを保証（assure）することを目的に付与されるものである（http://www.truste.net/）．インターネットにおける消費者の信頼を得ることをねらいとしている．なお，個人情報侵害の監視のための仕組み（"the TRSUTe Watchdog"）がある．

**Q45** プライバシーマークの付与認定などを受けるとどのようなメリットがあるのか？

**A45** ネットビジネスの拡大にともなって，個人情報の侵害に対する消費者の関心が高まっているが，プラインバシーマークなどを取得することによって，自社の個人情報保護の適切性を消費者にアピールすることができる．

ホームページ上にプラバシーポリシーを掲載しただけでは，それを見た顧客は，当該企業の個人情報保護の適切性を信頼することができない．

そこで，プライバシーマークのような第三者による個人情報保護の点検・評価結果の表示が重要になる．プライバシーマークは，ネットビジネスなどでの自社の個人情報保護の安全性をアピールし，自社製品・サービスの選択率を高めることにつながる．

なお，プライバシーマークなどが普及すると，プライバシーマークなどがなければ消費者が来ない(商品などが売れない)という状況になる可能性もある．今後の個人情報保護に関する動向を把握することがビジネスを進めていくうえで大切である．

# 付録 2

## 個人情報の保護に関する法律

# 個人情報の保護に関する法律

(平成十五年法律第五十七号)

## 第一章 総則

(目的)

第一条 この法律は，高度情報通信社会の進展に伴い個人情報の利用が著しく拡大していることにかんがみ，個人情報の適正な取扱いに関し，基本理念及び政府による基本方針の作成その他の個人情報の保護に関する施策の基本となる事項を定め，国及び地方公共団体の責務等を明らかにするとともに，個人情報を取り扱う事業者の遵守すべき義務等を定めることにより，個人情報の有用性に配慮しつつ，個人の権利利益を保護することを目的とする．

(定義)

第二条 この法律において「個人情報」とは，生存する個人に関する情報であって，当該情報に含まれる氏名，生年月日その他の記述等により特定の個人を識別することができるもの(他の情報と容易に照合することができ，それにより特定の個人を識別することができることとなるものを含む．)をいう．

2 この法律において「個人情報データベース等」とは，個人情報を含む情報の集合物であって，次に掲げるものをいう．

　一 特定の個人情報を電子計算機を用いて検索することができるように体系的に構成したもの

　二 前号に掲げるもののほか，特定の個人情報を容易に検索することができるように体系的に構成したものとして政令で定めるもの

3 この法律において「個人情報取扱事業者」とは，個人情報データベース等を事業の用に供している者をいう．ただし，次に掲げる者を除く．

　一 国の機関

　二 地方公共団体

　三 独立行政法人等(独立行政法人等の保有する個人情報の保護に関する法律(平成十五年法律第五十九号)第二条第一項に規定する独立行政法人等をいう．以下同じ．)

　四 その取り扱う個人情報の量及び利用方法からみて個人の権利利益を害するおそれが少ないものとして政令で定める者

4 この法律において「個人データ」とは，個人情報データベース等を構成する個人情報をいう．

5 この法律において「保有個人データ」とは，個人情報取扱事業者が，開示，内容の訂正，追加又は削除，利用の停止，消去及び第三者への提供の停止を行うことのできる権限を有する個人データであって，その存否が明らかになることにより公益その他の利益が害されるものとして政令で定めるもの又は一年以内の政令で定める期間以内に消去することとなるもの以外のものをいう．

6 この法律において個人情報について「本人」とは，個人情報によって識別される特定の個人をいう．
（基本理念）
第三条 個人情報は，個人の人格尊重の理念の下に慎重に取り扱われるべきものであることにかんがみ，その適正な取扱いが図られなければならない．

## 第二章 国及び地方公共団体の責務等
（国の責務）
第四条 国は，この法律の趣旨にのっとり，個人情報の適正な取扱いを確保するために必要な施策を総合的に策定し，及びこれを実施する責務を有する．
（地方公共団体の責務）
第五条 地方公共団体は，この法律の趣旨にのっとり，その地方公共団体の区域の特性に応じて，個人情報の適正な取扱いを確保するために必要な施策を策定し，及びこれを実施する責務を有する．
（法制上の措置等）
第六条 政府は，国の行政機関について，その保有する個人情報の性質，当該個人情報を保有する目的等を勘案し，その保有する個人情報の適正な取扱いが確保されるよう法制上の措置その他必要な措置を講ずるものとする．
2 政府は，独立行政法人等について，その性格及び業務内容に応じ，その保有する個人情報の適正な取扱いが確保されるよう法制上の措置その他必要な措置を講ずるものとする．
3 政府は，前二項に定めるもののほか，個人情報の性質及び利用方法にかんがみ，個人の権利利益の一層の保護を図るため特にその適正な取扱いの厳格な実施を確保する必要がある個人情報について，保護のための格別の措置が講じられるよう必要な法制上の措置その他の措置を講ずるものとする．

## 第三章 個人情報の保護に関する施策等
### 第一節 個人情報の保護に関する基本方針
第七条 政府は，個人情報の保護に関する施策の総合的かつ一体的な推進を図るため，個人情報の保護に関する基本方針（以下「基本方針」という．）を定めなければならない．
2 基本方針は，次に掲げる事項について定めるものとする．
　一 個人情報の保護に関する施策の推進に関する基本的な方向
　二 国が講ずべき個人情報の保護のための措置に関する事項
　三 地方公共団体が講ずべき個人情報の保護のための措置に関する基本的な事項
　四 独立行政法人等が講ずべき個人情報の保護のための措置に関する基本的な事項
　五 個人情報取扱事業者及び第四十条第一項に規定する認定個人情報保護団体が講ずべき個人情報の保護のための措置に関する基本的な事項

　　　　六　個人情報の取扱いに関する苦情の円滑な処理に関する事項
　　　　七　その他個人情報の保護に関する施策の推進に関する重要事項
3　内閣総理大臣は，国民生活審議会の意見を聴いて，基本方針の案を作成し，閣議の決定を求めなければならない．
4　内閣総理大臣は，前項の規定による閣議の決定があったときは，遅滞なく，基本方針を公表しなければならない．
5　前二項の規定は，基本方針の変更について準用する．
　　第二節　国の施策
　（地方公共団体等への支援）
第八条　国は，地方公共団体が策定し，又は実施する個人情報の保護に関する施策及び国民又は事業者等が個人情報の適正な取扱いの確保に関して行う活動を支援するため，情報の提供，事業者等が講ずべき措置の適切かつ有効な実施を図るための指針の策定その他の必要な措置を講ずるものとする．
　（苦情処理のための措置）
第九条　国は，個人情報の取扱いに関し事業者と本人との間に生じた苦情の適切かつ迅速な処理を図るために必要な措置を講ずるものとする．
　（個人情報の適正な取扱いを確保するための措置）
第十条　国は，地方公共団体との適切な役割分担を通じ，次章に規定する個人情報取扱事業者による個人情報の適正な取扱いを確保するために必要な措置を講ずるものとする．
　　第三節　地方公共団体の施策
　（保有する個人情報の保護）
第十一条　地方公共団体は，その保有する個人情報の性質，当該個人情報を保有する目的等を勘案し，その保有する個人情報の適正な取扱いが確保されるよう必要な措置を講ずることに努めなければならない．
　（区域内の事業者等への支援）
第十二条　地方公共団体は，個人情報の適正な取扱いを確保するため，その区域内の事業者及び住民に対する支援に必要な措置を講ずるよう努めなければならない．
　（苦情の処理のあっせん等）
第十三条　地方公共団体は，個人情報の取扱いに関し事業者と本人との間に生じた苦情が適切かつ迅速に処理されるようにするため，苦情の処理のあっせんその他必要な措置を講ずるよう努めなければならない．
　　第四節　国及び地方公共団体の協力
第十四条　国及び地方公共団体は，個人情報の保護に関する施策を講ずるにつき，相協力するものとする．

## 第四章　個人情報取扱事業者の義務等
### 第一節　個人情報取扱事業者の義務
(利用目的の特定)

第十五条　個人情報取扱事業者は，個人情報を取り扱うに当たっては，その利用の目的(以下「利用目的」という．)をできる限り特定しなければならない．

2　個人情報取扱事業者は，利用目的を変更する場合には，変更前の利用目的と相当の関連性を有すると合理的に認められる範囲を超えて行ってはならない．

(利用目的による制限)

第十六条　個人情報取扱事業者は，あらかじめ本人の同意を得ないで，前条の規定により特定された利用目的の達成に必要な範囲を超えて，個人情報を取り扱ってはならない．

2　個人情報取扱事業者は，合併その他の事由により他の個人情報取扱事業者から事業を承継することに伴って個人情報を取得した場合は，あらかじめ本人の同意を得ないで，承継前における当該個人情報の利用目的の達成に必要な範囲を超えて，当該個人情報を取り扱ってはならない．

3　前二項の規定は，次に掲げる場合については，適用しない．
　一　法令に基づく場合
　二　人の生命，身体又は財産の保護のために必要がある場合であって，本人の同意を得ることが困難であるとき．
　三　公衆衛生の向上又は児童の健全な育成の推進のために特に必要　がある場合であって，本人の同意を得ることが困難であるとき．
　四　国の機関若しくは地方公共団体又はその委託を受けた者が法令の定める事務を遂行することに対して協力する必要がある場合であって，本人の同意を得ることにより当該事務の遂行に支障を及ぼすおそれがあるとき．

(適正な取得)

第十七条　個人情報取扱事業者は，偽りその他不正の手段により個人情報を取得してはならない．

(取得に際しての利用目的の通知等)

第十八条　個人情報取扱事業者は，個人情報を取得した場合は，あらかじめその利用目的を公表している場合を除き，速やかに，その利用目的を，本人に通知し，又は公表しなければならない．

2　個人情報取扱事業者は，前項の規定にかかわらず，本人との間で契約を締結することに伴って契約書その他の書面(電子的方式，磁気的方式その他人の知覚によっては認識することができない方式で作られる記録を含む．以下この項において同じ．)に記載された当該本人の個人情報を取得する場合その他本人から直接書面に記載された当該本人の個人情報を取得する場合は，あらかじめ，本人に対し，その利用目的を明示しなければならない．ただし，人の生命，身体又は財産の保護のために緊急に必要がある場合は，この限りでない．

3 個人情報取扱事業者は,利用目的を変更した場合は,変更された利用目的について,本人に通知し,又は公表しなければならない.
4 前三項の規定は,次に掲げる場合については,適用しない.
　　一 利用目的を本人に通知し,又は公表することにより本人又は第三者の生命,身体,財産その他の権利利益を害するおそれがある場合
　　二 利用目的を本人に通知し,又は公表することにより当該個人情報取扱事業者の権利又は正当な利益を害するおそれがある場合
　　三 国の機関又は地方公共団体が法令の定める事務を遂行することに対して協力する必要がある場合であって,利用目的を本人に通知し,又は公表することにより当該事務の遂行に支障を及ぼすおそれがあるとき.
　　四 取得の状況からみて利用目的が明らかであると認められる場合

(データ内容の正確性の確保)
第十九条 個人情報取扱事業者は,利用目的の達成に必要な範囲内において,個人データを正確かつ最新の内容に保つよう努めなければならない.

(安全管理措置)
第二十条 個人情報取扱事業者は,その取り扱う個人データの漏えい,滅失又はき損の防止その他の個人データの安全管理のために必要かつ適切な措置を講じなければならない.

(従業者の監督)
第二十一条 個人情報取扱事業者は,その従業者に個人データを取り扱わせるに当たっては,当該個人データの安全管理が図られるよう,当該従業者に対する必要かつ適切な監督を行わなければならない.

(委託先の監督)
第二十二条 個人情報取扱事業者は,個人データの取扱いの全部又は一部を委託する場合は,その取扱いを委託された個人データの安全管理が図られるよう,委託を受けた者に対する必要かつ適切な監督を行わなければならない.

(第三者提供の制限)
第二十三条 個人情報取扱事業者は,次に掲げる場合を除くほか,あらかじめ本人の同意を得ないで,個人データを第三者に提供してはならない.
　　一 法令に基づく場合
　　二 人の生命,身体又は財産の保護のために必要がある場合であって,本人の同意を得ることが困難であるとき.
　　三 公衆衛生の向上又は児童の健全な育成の推進のために特に必要がある場合であって,本人の同意を得ることが困難であるとき.
　　四 国の機関若しくは地方公共団体又はその委託を受けた者が法令の定める事務を遂行することに対して協力する必要がある場合であって,本人の同意を得ることにより当該事務の遂行に支障を及ぼすおそれがあるとき.
2 個人情報取扱事業者は,第三者に提供される個人データについて,本人の求めに応じ

て当該本人が識別される個人データの第三者への提供を停止することとしている場合であって，次に掲げる事項について，あらかじめ，本人に通知し，又は本人が容易に知り得る状態に置いているときは，前項の規定にかかわらず，当該個人データを第三者に提供することができる．
　一　第三者への提供を利用目的とすること．
　二　第三者に提供される個人データの項目
　三　第三者への提供の手段又は方法
　四　本人の求めに応じて当該本人が識別される個人データの第三者への提供を停止すること．
3　個人情報取扱事業者は，前項第二号又は第三号に掲げる事項を変更する場合は，変更する内容について，あらかじめ，本人に通知し，又は本人が容易に知り得る状態に置かなければならない．
4　次に掲げる場合において，当該個人データの提供を受ける者は，前三項の規定の適用については，第三者に該当しないものとする．
　一　個人情報取扱事業者が利用目的の達成に必要な範囲内において個人データの取扱いの全部又は一部を委託する場合
　二　合併その他の事由による事業の承継に伴って個人データが提供される場合
　三　個人データを特定の者との間で共同して利用する場合であって，その旨並びに共同して利用される個人データの項目，共同して利用する者の範囲，利用する者の利用目的及び当該個人データの管理について責任を有する者の氏名又は名称について，あらかじめ，本人に通知し，又は本人が容易に知り得る状態に置いているとき．
5　個人情報取扱事業者は，前項第三号に規定する利用する者の利用目的又は個人データの管理について責任を有する者の氏名若しくは名称を変更する場合は，変更する内容について，あらかじめ，本人に通知し，又は本人が容易に知り得る状態に置かなければならない．

（保有個人データに関する事項の公表等）

第二十四条　個人情報取扱事業者は，保有個人データに関し，次に掲げる事項について，本人の知り得る状態（本人の求めに応じて遅滞なく回答する場合を含む．）に置かなければならない．
　一　当該個人情報取扱事業者の氏名又は名称
　二　すべての保有個人データの利用目的（第十八条第四項第一号から第三号までに該当する場合を除く．）
　三　次項，次条第一項，第二十六条第一項又は第二十七条第一項若しくは第二項の規定による求めに応じる手続（第三十条第二項の規定により手数料の額を定めたときは，その手数料の額を含む．）
　四　前三号に掲げるもののほか，保有個人データの適正な取扱いの確保に関し必要な事項として政令で定めるもの

2　個人情報取扱事業者は，本人から，当該本人が識別される保有個人データの利用目的の通知を求められたときは，本人に対し，遅滞なく，これを通知しなければならない．ただし，次の各号のいずれかに該当する場合は，この限りでない．
　　一　前項の規定により当該本人が識別される保有個人データの利用目的が明らかな場合
　　二　第十八条第四項第一号から第三号までに該当する場合
3　個人情報取扱事業者は，前項の規定に基づき求められた保有個人データの利用目的を通知しない旨の決定をしたときは，本人に対し，遅滞なく，その旨を通知しなければならない．

（開示）

第二十五条　個人情報取扱事業者は，本人から，当該本人が識別される保有個人データの開示（当該本人が識別される保有個人データが存在しないときにその旨を知らせることを含む．以下同じ．）を求められたときは，本人に対し，政令で定める方法により，遅滞なく，当該保有個人データを開示しなければならない．ただし，開示することにより次の各号のいずれかに該当する場合は，その全部又は一部を開示しないことができる．
　　一　本人又は第三者の生命，身体，財産その他の権利利益を害するおそれがある場合
　　二　当該個人情報取扱事業者の業務の適正な実施に著しい支障を及ぼすおそれがある場合
　　三　他の法令に違反することとなる場合
2　個人情報取扱事業者は，前項の規定に基づき求められた保有個人データの全部又は一部について開示しない旨の決定をしたときは，本人に対し，遅滞なく，その旨を通知しなければならない．
3　他の法令の規定により，本人に対し第一項本文に規定する方法に相当する方法により当該本人が識別される保有個人データの全部又は一部を開示することとされている場合には，当該全部又は一部の保有個人データについては，同項の規定は，適用しない．

（訂正等）

第二十六条　個人情報取扱事業者は，本人から，当該本人が識別される保有個人データの内容が事実でないという理由によって当該保有個人データの内容の訂正，追加又は削除（以下この条において「訂正等」という．）を求められた場合には，その内容の訂正等に関して他の法令の規定により特別の手続が定められている場合を除き，利用目的の達成に必要な範囲内において，遅滞なく必要な調査を行い，その結果に基づき，当該保有個人データの内容の訂正等を行わなければならない．
2　個人情報取扱事業者は，前項の規定に基づき求められた保有個人データの内容の全部若しくは一部について訂正等を行ったとき，又は訂正等を行わない旨の決定をしたときは，本人に対し，遅滞なく，その旨（訂正等を行ったときは，その内容を含む．）を通知しなければならない．

（利用停止等）

第二十七条　個人情報取扱事業者は，本人から，当該本人が識別される保有個人データが第十六条の規定に違反して取り扱われているという理由又は第十七条の規定に違反して取得されたものであるという理由によって，当該保有個人データの利用の停止又は消去（以下この条において「利用停止等」という．）を求められた場合であって，その求めに理由があることが判明したときは，違反を是正するために必要な限度で，遅滞なく，当該保有個人データの利用停止等を行わなければならない．ただし，当該保有個人データの利用停止等に多額の費用を要する場合その他の利用停止等を行うことが困難な場合であって，本人の権利利益を保護するため必要なこれに代わるべき措置をとるときは，この限りでない．

2　個人情報取扱事業者は，本人から，当該本人が識別される保有個人データが第二十三条第一項の規定に違反して第三者に提供されているという理由によって，当該保有個人データの第三者への提供の停止を求められた場合であって，その求めに理由があることが判明したときは，遅滞なく，当該保有個人データの第三者への提供を停止しなければならない．ただし，当該保有個人データの第三者への提供の停止に多額の費用を要する場合その他の第三者への提供を停止することが困難な場合であって，本人の権利利益を保護するため必要なこれに代わるべき措置をとるときは，この限りでない．

3　個人情報取扱事業者は，第一項の規定に基づき求められた保有個人データの全部若しくは一部について利用停止等を行ったとき若しくは利用停止等を行わない旨の決定をしたとき，又は前項の規定に基づき求められた保有個人データの全部若しくは一部について第三者への提供を停止したとき若しくは第三者への提供を停止しない旨の決定をしたときは，本人に対し，遅滞なく，その旨を通知しなければならない．

（理由の説明）

第二十八条　個人情報取扱事業者は，第二十四条第三項，第二十五条第二項，第二十六条第二項又は前条第三項の規定により，本人から求められた措置の全部又は一部について，その措置をとらない旨を通知する場合又はその措置と異なる措置をとる旨を通知する場合は，本人に対し，その理由を説明するよう努めなければならない．

（開示等の求めに応じる手続）

第二十九条　個人情報取扱事業者は，第二十四条第二項，第二十五条第一項，第二十六条第一項又は第二十七条第一項若しくは第二項の規定による求め（以下この条において「開示等の求め」という．）に関し，政令で定めるところにより，その求めを受け付ける方法を定めることができる．この場合において，本人は，当該方法に従って，開示等の求めを行わなければならない．

2　個人情報取扱事業者は，本人に対し，開示等の求めに関し，その対象となる保有個人データを特定するに足りる事項の提示を求めることができる．この場合において，個人情報取扱事業者は，本人が容易かつ的確に開示等の求めをすることができるよう，当該保有個人データの特定に資する情報の提供その他本人の利便を考慮した適切な措置をと

らなければならない．
3 開示等の求めは，政令で定めるところにより，代理人によってすることができる．
4 個人情報取扱事業者は，前三項の規定に基づき開示等の求めに応じる手続を定めるに当たっては，本人に過重な負担を課するものとならないよう配慮しなければならない．
（手数料）
第三十条　個人情報取扱事業者は，第二十四条第二項の規定による利用目的の通知又は第二十五条第一項の規定による開示を求められたときは，当該措置の実施に関し，手数料を徴収することができる．
2　個人情報取扱事業者は，前項の規定により手数料を徴収する場合は，実費を勘案して合理的であると認められる範囲内において，その手数料の額を定めなければならない．
（個人情報取扱事業者による苦情の処理）
第三十一条　個人情報取扱事業者は，個人情報の取扱いに関する苦情の適切かつ迅速な処理に努めなければならない．
2　個人情報取扱事業者は，前項の目的を達成するために必要な体制の整備に努めなければならない．
（報告の徴収）
第三十二条　主務大臣は，この節の規定の施行に必要な限度において，個人情報取扱事業者に対し，個人情報の取扱いに関し報告をさせることができる．
（助言）
第三十三条　主務大臣は，この節の規定の施行に必要な限度において，個人情報取扱事業者に対し，個人情報の取扱いに関し必要な助言をすることができる．
（勧告及び命令）
第三十四条　主務大臣は，個人情報取扱事業者が第十六条から第十八条まで，第二十条から第二十七条まで又は第三十条第二項の規定に違反した場合において個人の権利利益を保護するため必要があると認めるときは，当該個人情報取扱事業者に対し，当該違反行為の中止その他違反を是正するために必要な措置をとるべき旨を勧告することができる．
2　主務大臣は，前項の規定による勧告を受けた個人情報取扱事業者が正当な理由がなくてその勧告に係る措置をとらなかった場合において個人の重大な権利利益の侵害が切迫していると認めるときは，当該個人情報取扱事業者に対し，その勧告に係る措置をとるべきことを命ずることができる．
3　主務大臣は，前二項の規定にかかわらず，個人情報取扱事業者が第十六条，第十七条，第二十条から第二十二条まで又は第二十三条第一項の規定に違反した場合において個人の重大な権利利益を害する事実があるため緊急に措置をとる必要があると認めるときは，当該個人情報取扱事業者に対し，当該違反行為の中止その他違反を是正するために必要な措置をとるべきことを命ずることができる．
（主務大臣の権限の行使の制限）
第三十五条　主務大臣は，前三条の規定により個人情報取扱事業者に対し報告の徴収，助

言,勧告又は命令を行うに当たっては,表現の自由,学問の自由,信教の自由及び政治活動の自由を妨げてはならない.
2　前項の規定の趣旨に照らし,主務大臣は,個人情報取扱事業者が第五十条第一項各号に掲げる者(それぞれ当該各号に定める目的で個人情報を取り扱う場合に限る.)に対して個人情報を提供する行為については,その権限を行使しないものとする.
（主務大臣）

第三十六条　この節の規定における主務大臣は,次のとおりとする.ただし,内閣総理大臣は,この節の規定の円滑な実施のため必要があると認める場合は,個人情報取扱事業者が行う個人情報の取扱いのうち特定のものについて,特定の大臣又は国家公安委員会(以下「大臣等」という.)を主務大臣に指定することができる.
　　一　個人情報取扱事業者が行う個人情報の取扱いのうち雇用管理に関するものについては,厚生労働大臣(船員の雇用管理に関するものについては,国土交通大臣)及び当該個人情報取扱事業者が行う事業を所管する大臣等
　　二　個人情報取扱事業者が行う個人情報の取扱いのうち前号に掲げるもの以外のものについては,当該個人情報取扱事業者が行う事業を所管する大臣等
2　内閣総理大臣は,前項ただし書の規定により主務大臣を指定したときは,その旨を公示しなければならない.
3　各主務大臣は,この節の規定の施行に当たっては,相互に緊密に連絡し,及び協力しなければならない.

　　第二節　民間団体による個人情報の保護の推進
（認定）

第三十七条　個人情報取扱事業者の個人情報の適正な取扱いの確保を目的として次に掲げる業務を行おうとする法人(法人でない団体で代表者又は管理人の定めのあるものを含む.次条第三号ロにおいて同じ.)は,主務大臣の認定を受けることができる.
　　一　業務の対象となる個人情報取扱事業者(以下「対象事業者」という.)の個人情報の取扱いに関する　第四十二条の規定による苦情の処理
　　二　個人情報の適正な取扱いの確保に寄与する事項についての対象事業者に対する情報の提供
　　三　前二号に掲げるもののほか,対象事業者の個人情報の適正な取扱いの確保に関し必要な業務
2　前項の認定を受けようとする者は,政令で定めるところにより,主務大臣に申請しなければならない.
3　主務大臣は,第一項の認定をしたときは,その旨を公示しなければならない.
（欠格条項）

第三十八条　次の各号のいずれかに該当する者は,前条第一項の認定を受けることができない.
　　一　この法律の規定により刑に処せられ,その執行を終わり,又は執行を受けること

がなくなった日から二年を経過しない者
　二　第四十八条第一項の規定により認定を取り消され，その取消しの日から二年を経過しない者
　三　その業務を行う役員（法人でない団体で代表者又は管理人の定めのあるものの代表者又は管理人を含む．以下この条において同じ．）のうちに，次のいずれかに該当する者があるもの
　　イ　禁錮以上の刑に処せられ，又はこの法律の規定により刑に処せられ，その執行を終わり，又は執行を受けることがなくなった日から二年を経過しない者
　　ロ　第四十八条第一項の規定により認定を取り消された法人において，その取消しの日前三十日以内にその役員であった者でその取消しの日から二年を経過しない者

（認定の基準）

第三十九条　主務大臣は，第三十七条第一項の認定の申請が次の各号の　いずれにも適合していると認めるときでなければ，その認定をしてはならない．
　一　第三十七条第一項各号に掲げる業務を適正かつ確実に行うに必要な業務の実施の方法が定められているものであること．
　二　第三十七条第一項各号に掲げる業務を適正かつ確実に行うに足りる知識及び能力並びに経理的基礎を有するものであること．
　三　第三十七条第一項各号に掲げる業務以外の業務を行っている場合には，その業務を行うことによって同項各号に掲げる業務が不公正になるおそれがないものであること．

（廃止の届出）

第四十条　第三十七条第一項の認定を受けた者（以下「認定個人情報保護団体」という．）は，その認定に係る業務（以下「認定業務」という．）を廃止しようとするときは，政令で定めるところにより，あらかじめ，その旨を主務大臣に届け出なければならない．

2　主務大臣は，前項の規定による届出があったときは，その旨を公示しなければならない．

（対象事業者）

第四十一条　認定個人情報保護団体は，当該認定個人情報保護団体の構成員である個人情報取扱事業者又は認定業務の対象となることについて同意を得た個人情報取扱事業者を対象事業者としなければならない．

2　認定個人情報保護団体は，対象事業者の氏名又は名称を公表しなければならない．

（苦情の処理）

第四十二条　認定個人情報保護団体は，本人等から対象事業者の個人情報の取扱いに関する苦情について解決の申出があったときは，その相談に応じ，申出人に必要な助言をし，その苦情に係る事情を調査するとともに，当該対象事業者に対し，その苦情の内容を通

知してその迅速な解決を求めなければならない.
2 認定個人情報保護団体は,前項の申出に係る苦情の解決について必要があると認めるときは,当該対象事業者に対し,文書若しくは口頭による説明を求め,又は資料の提出を求めることができる.
3 対象事業者は,認定個人情報保護団体から前項の規定による求めがあったときは,正当な理由がないのに,これを拒んではならない.
(個人情報保護指針)
第四十三条 認定個人情報保護団体は,対象事業者の個人情報の適正な取扱いの確保のために,利用目的の特定,安全管理のための措置,本人の求めに応じる手続その他の事項に関し,この法律の規定の趣旨に沿った指針(以下「個人情報保護指針」という.)を作成し,公表するよう努めなければならない.
2 認定個人情報保護団体は,前項の規定により個人情報保護指針を公表したときは,対象事業者に対し,当該個人情報保護指針を遵守させるため必要な指導,勧告その他の措置をとるよう努めなければならない.
(目的外利用の禁止)
第四十四条 認定個人情報保護団体は,認定業務の実施に際して知り得た情報を認定業務の用に供する目的以外に利用してはならない.
(名称の使用制限)
第四十五条 認定個人情報保護団体でない者は,認定個人情報保護団体という名称又はこれに紛らわしい名称を用いてはならない.
(報告の徴収)
第四十六条 主務大臣は,この節の規定の施行に必要な限度において,認定個人情報保護団体に対し,認定業務に関し報告をさせることができる.
(命令)
第四十七条 主務大臣は,この節の規定の施行に必要な限度において,認定個人情報保護団体に対し,認定業務の実施の方法の改善,個人情報保護指針の変更その他の必要な措置をとるべき旨を命ずることができる.
(認定の取消し)
第四十八条 主務大臣は,認定個人情報保護団体が次の各号のいずれかに該当するときは,その認定を取り消すことができる.
　　一　第三十八条第一号又は第三号に該当するに至ったとき.
　　二　第三十九条各号のいずれかに適合しなくなったとき.
　　三　第四十四条の規定に違反したとき.
　　四　前条の命令に従わないとき.
　　五　不正の手段により第三十七条第一項の認定を受けたとき.
2 主務大臣は,前項の規定により認定を取り消したときは,その旨を公示しなければならない.

## 付録2　個人情報の保護に関する法律

（主務大臣）

第四十九条　この節の規定における主務大臣は，次のとおりとする．ただし，内閣総理大臣は，この節の規定の円滑な実施のため必要があると認める場合は，第三十七条第一項の認定を受けようとする者のうち特定のものについて，特定の大臣等を主務大臣に指定することができる．

　　一　設立について許可又は認可を受けている認定個人情報保護団体（第三十七条第一項の認定を受けようとする者を含む．次号において同じ．）については，その設立の許可又は認可をした大臣等
　　二　前号に掲げるもの以外の認定個人情報保護団体については，当該認定個人情報保護団体の対象事業者が行う事業を所管する大臣等

2　内閣総理大臣は，前項ただし書の規定により主務大臣を指定したときは，その旨を公示しなければならない．

### 第五章　雑則

（適用除外）

第五十条　個人情報取扱事業者のうち次の各号に掲げる者については，その個人情報を取り扱う目的の全部又は一部がそれぞれ当該各号に規定する目的であるときは，前章の規定は，適用しない．

　　一　放送機関，新聞社，通信社その他の報道機関（報道を業として行う個人を含む．）　報道の用に供する目的
　　二　著述を業として行う者　著述の用に供する目的
　　三　大学その他の学術研究を目的とする機関若しくは団体又はそれらに属する者　学術研究の用に供する目的
　　四　宗教団体　宗教活動（これに付随する活動を含む．）の用に供する目的
　　五　政治団体　政治活動（これに付随する活動を含む．）の用に供する目的

2　前項第一号に規定する「報道」とは，不特定かつ多数の者に対して客観的事実を事実として知らせること（これに基づいて意見又は見解を述べることを含む．）をいう．

3　第一項各号に掲げる個人情報取扱事業者は，個人データの安全管理のために必要かつ適切な措置，個人情報の取扱いに関する苦情の処理その他の個人情報の適正な取扱いを確保するために必要な措置を自ら講じ，かつ，当該措置の内容を公表するよう努めなければならない．

（地方公共団体が処理する事務）

第五十一条　この法律に規定する主務大臣の権限に属する事務は，政令で定めるところにより，地方公共団体の長その他の執行機関が行うこととすることができる．

（権限又は事務の委任）

第五十二条　この法律により主務大臣の権限又は事務に属する事項は，政令で定めるところにより，その所属の職員に委任することができる．

## 付録2 個人情報の保護に関する法律

(施行の状況の公表)

**第五十三条** 内閣総理大臣は,関係する行政機関(法律の規定に基づき内閣に置かれる機関(内閣府を除く.)及び内閣の所轄の下に置かれる機関,内閣府,宮内庁,内閣府設置法(平成十一年法律第八十九号)第四十九条第一項及び第二項に規定する機関並びに国家行政組織法(昭和二十三年法律第百二十号)第三条第二項に規定する機関をいう.次条において同じ.)の長に対し,この法律の施行の状況について報告を求めることができる.

2 内閣総理大臣は,毎年度,前項の報告を取りまとめ,その概要を公表するものとする.

(連絡及び協力)

**第五十四条** 内閣総理大臣及びこの法律の施行に関係する行政機関の長は,相互に緊密に連絡し,及び協力しなければならない.

(政令への委任)

**第五十五条** この法律に定めるもののほか,この法律の実施のため必要な事項は,政令で定める.

### 第六章 罰則

**第五十六条** 第三十四条第二項又は第三項の規定による命令に違反した者は,六月以下の懲役又は三十万円以下の罰金に処する.

**第五十七条** 第三十二条又は第四十六条の規定による報告をせず,又は虚偽の報告をした者は,三十万円以下の罰金に処する.

**第五十八条** 法人(法人でない団体で代表者又は管理人の定めのあるものを含む.以下この項において同じ.)の代表者又は法人若しくは人の代理人,使用人その他の従業者が,その法人又は人の業務に関して,前二条の違反行為をしたときは,行為者を罰するほか,その法人又は人に対しても,各本条の罰金刑を科する.

2 法人でない団体について前項の規定の適用がある場合には,その代表者又は管理人が,その訴訟行為につき法人でない団体を代表するほか,法人を被告人又は被疑者とする場合の刑事訴訟に関する法律の規定を準用する.

**第五十九条** 次の各号のいずれかに該当する者は,十万円以下の過料に処する.

一 第四十条第一項の規定による届出をせず,又は虚偽の届出をした者
二 第四十五条の規定に違反した者

### 附則

(施行期日)

**第一条** この法律は,公布の日から施行する.ただし,第四章から第六章まで及び附則第二条から第六条までの規定は,公布の日から起算して二年を超えない範囲内において政令で定める日から施行する.

(本人の同意に関する経過措置)

**第二条** この法律の施行前になされた本人の個人情報の取扱いに関する同意がある場合に

## 付録2　個人情報の保護に関する法律

おいて，その同意が第十五条第一項の規定により特定される利用目的以外の目的で個人情報を取り扱うことを認める旨の同意に相当するものであるときは，第十六条第一項又は第二項の同意があったものとみなす．

第三条　この法律の施行前になされた本人の個人情報の取扱いに関する同意がある場合において，その同意が第二十三条第一項の規定による個人データの第三者への提供を認める旨の同意に相当するものであるときは，同項の同意があったものとみなす．

（通知に関する経過措置）

第四条　第二十三条第二項の規定により本人に通知し，又は本人が容易に知り得る状態に置かなければならない事項に相当する事項について，この法律の施行前に，本人に通知されているときは，当該通知は，同項の規定により行われたものとみなす．

第五条　第二十三条第四項第三号の規定により本人に通知し，又は本人が容易に知り得る状態に置かなければならない事項に相当する事項について，この法律の施行前に，本人に通知されているときは，当該通知は，同号の規定により行われたものとみなす．

（名称の使用制限に関する経過措置）

第六条　この法律の施行の際現に認定個人情報保護団体という名称又はこれに紛らわしい名称を用いている者については，第四十五条の規定は，同条の規定の施行後六月間は，適用しない．

（内閣府設置法の一部改正）

第七条　内閣府設置法の一部を次のように改正する．

　　第四条第三項第三十八号の次に次の一号を加える．

　　　三十八の二　個人情報の保護に関する基本方針（個人情報の保護に関する法律（平成十五年法律第五十七号）第七条第一項に規定するものをいう．）の作成及び推進に関すること．

　　第三十八条第一項第一号中「並びに市民活動の促進」を「，市民活動の促進並びに個人情報の適正な取扱いの確保」に改め，同項第三号中「（昭和四十八年法律第百二十一号）」の下に「及び個人情報の保護に関する法律」を加える．

## 参 考 文 献

1) 日本工業標準調査会審議:『JIS Q 15001 個人情報保護に関するコンプライアンス・プログラムの要求事項』,日本規格協会,1999年.
2) 日本セキュリティ・マネジメント学会編:『セキュリティハンドブックI』,日科技連出版社,1998年.
3) 日本セキュリティ・マネジメント学会編:『セキュリティハンドブックII』,日科技連出版社,1998年.
4) 日本セキュリティ・マネジメント学会編:『セキュリティハンドブックIII』,日科技連出版社,1998年.
5) 日本情報処理開発協会:『プライバシーマーク制度設置及び運営要領』,2003年11月改訂.
6) 日本情報処理開発協会:『プライバシーマーク制度における監査ガイドライン』,2000年3月.
7) 日本情報処理開発協会:『プライバシーマーク制度』
8) 経済産業省:『民間部門における電子計算機の処理に係る個人情報の保護に関するガイドライン』,1997年3月.
9) 通商産業省機会情報産業局:『個人情報保護ハンドブック』,1998年6月.
10) 総務省:『電気通信事業における個人情報保護に関するガイドライン』,1998年12月.
11) 日本データ通信協会:『個人情報取扱業務登録規程』,1998年4月.
12) 日本通信販売協会:『通信販売における個人情報保護ガイドライン』,1998年3月.
13) 日本テレマーケティング協会:『個人情報ガイドライン』
14) 金融情報システムセンター編:『[新版] 金融機関等における個人データ保護ハンドブック』,財経詳報社,2000年.
15) 金融情報システムセンター:『金融機関等における個人データ保護のための取扱指針(改正版)』,1999年4月改正.
16) 金融情報システムセンター:『金融機関等における個人データ保護の在り方—「個人データ保護研究会」報告書—』,1998年11月.
17) 岡村久道:『個人情報保護法入門』,商事法務,2003年.
18) 岡村久道,新保史生:『電子ネットワークと個人情報保護』,経済産業調査会,2002年.
19) 内田晴康,横山経通編:『[第3版] インターネット法』,商事法務研究会,

## 参考文献

    2001年.
20)    藤野剛士:『図解で分かる個人情報保護』,日本能率協会マネジメントセンター,2000年.
21)    平松毅:『個人情報保護』,ぎょうせい,1999年.
22)    日本セキュリティ・マネジメント学会個人情報保護研究会編:『個人情報保護と対策』,工業調査会,2002年.
23)    Dorothy E. Denning著,杉野隆監訳:『ネット情報セキュリティ』,オーム社,2002年.
24)    レネ・ティッセン,ダニエル・アンドリエッセン,フランク・L・デプレ著,榎木千昭,渡辺善夫監訳:『バリューベース・ナレッジメント』,ピアソン・エデュケーション,2000年.
25)    アーサー・ヒューズ著,秋山耕監訳:『顧客生涯価値のデータベース・マーケティング』,ダイヤモンド社,1999年.
26)    島田裕次,榎木千昭,満塩尚史:『ネットビジネスのセキュリティ』,日科技連出版社,2000年.
27)    島田裕次,榎木千昭,山本直樹,五井孝,内山公雄:『ISMS認証基準と適合性評価の解説』,日科技連出版社,2002年.

# 索　引

■英　字■

BBB オンラインプライバシーシール
　218
B to B　　6
B to C　　5
CIA　　212
CISA　　212
CPO　　82, 121
CRM　　5, 6, 178
CSA　　155, 211
CTI　　6
ERP パッケージ　　7
EU 指令　　26, 28
E コマース　　5, 6, 44
ISMS　　117, 214
JIS Q 15001　　26, 48, 94, 124, 162,
　164
"need to know" の原則　　158
OECD 理事会勧告　　26
PDA　　216
sensitive data　　194
TRUSTe プライバシーシール　　218
USB フラッシュメモリ　　154
WebTrust マーク　　218
Web サイト　　137, 147, 192
Web システム　　140, 205

■あ　行■

アウトソーシング　　55, 116
アクセスコントロール　　114, 137,
　139, 152, 154
　──ソフトウェア　　141

アクセスログ　　152, 158
アルバイト　　135
アンケート応募者の情報　　75
アンケート調査　　100, 106, 190, 202
暗号化　　138, 154, 187
安全管理　　34, 114, 116
安全性の確保　　55, 114
安全保護の原則　　28
インターネット　　157
イントラネット　　7, 140, 185
売上元帳　　134
売掛金元帳　　134
運用マニュアル　　99
営業活動　　129, 193, 202
営業スタッフ　　131
営業担当者　　144, 202
営業部門　　129
オープンソース情報　　13, 180
オプトアウト　　192
親会社　　203
音声　　49
オンラインショッピング　　11
オンラインマーク制度　　217

■か　行■

改ざん　　114, 155, 157
開示　　37
　──請求　　45, 131, 138
　──請求権　　56, 181, 213
　──等の求め　　59, 118, 213
改善勧告　　170
外部委託　　55, 197, 204
　──先　　43

239

# 索　引

外部監査人　209
回復対策　144
画像　49
株主情報　76, 136, 182
関係会社　203
監査　60, 129, 161
　──権　117, 204, 207
間接収集　104
監督　116
管理体制　24, 59, 160
管理的対策　70, 144
企業秘密　195
企業倫理　194
技術的対策　144
規程　69
基本理念　30
教育　60, 84, 129, 154, 184
業界ガイドライン　94
行政機関の保有する個人情報の保護に関
　する法律　27
共同利用　203
業務マニュアル　99
銀行　21
苦情・相談対応　60
苦情の処理　37, 40
国および地方公共団体の責務等　31
クレジットカード　54
携帯情報端末　216
携帯電話サイト　8, 181
契約　204
経理関係帳票　134
経理部門　134
検査権　117, 204, 207
公開情報　193
公開の原則　28
購入申込書　130, 146
公認情報システム監査人　212

公認内部監査人　212
購買・資材部門　133
コールセンター　44
顧客情報　182
　──システム　6
顧客セールス　139
顧客対応窓口　44
個人顧客　75
個人参加の原則　28
個人情報　3, 97
　──管理規程　68, 73, 94, 160
　──管理者　128
　──管理責任者　120, 128, 181
　──データベース等　48
　──取扱事業者　33, 75
　──取扱事業者の義務等　33
　──取扱者　128
　──取扱マニュアル　73, 96, 124
　──のアクセスポイント　77
　──の価値　9
　──の収集　14
　──の取得　33
　──の分類　3
　──の保管　18
　──の保護に関する基本方針　31
　──の保護に関する施策等　31
　──の保護に関する法律案　27
　──のライフサイクル　14, 96, 124, 144
　──の利用　16
個人情報保護
　──ガイドライン　26, 48, 94, 124
　──監査　60, 71, 86, 174, 207, 209
　──基本法制に関する大綱　27
　──指針　40

──のマネジメントシステム　164
　　──法　29, 48, 124
　　──法制化専門委員会　26
　　──マーク　217
個人データ　34
誤謬　148
コンプライアンス　81
　　──・プログラム　120, 167, 173
　　──経営　43

■さ　行■

再提供　204
採用関係情報　76
採用試験　135
事故・障害　20
事故事例　161
事実情報　4, 127
システム監査企業台帳　212
システム監査技術者　212
システム監査人　87
システム設計マニュアル　99
システムトラブル　205
システムの企画・開発　139
システム部門　139
実践遵守計画　120
指定機関　165
社員教育　208
社員情報　135, 181, 182
社員名簿　184
従業員情報　182
従業員などの情報　76
就業規則　201
収集　51, 91, 100, 178,
　　──制限の原則　27
　　──に関するリスク　78
　　──方法　14, 51
　　──目的　14, 51, 91, 139, 144,

178, 195, 197
修正パッチあて　156, 185
住民基本台帳ネットワーク　5, 27
取得　91, 100
守秘義務　154, 206, 215
　　──契約　141
主務大臣　37, 40
準拠性監査　71
情報機器　131, 154
情報主体　29, 34, 99, 118
　　──の権利　56
情報紹介　11
情報セキュリティ　172
　　──ポリシー　68, 214
情報の窃取　19
情報リテラシー教育　115, 161
情報倫理　194
　　──教育　207
私用メール　184
人材派遣会社　22
人事部門　135
紳士録　180, 191
侵入監視設備　155
信用情報機関　54, 200
スタンダード　68
正確性の確保　55, 113
清掃業務　206
製造部門　133
正当な事業の範囲　195
誓約書　184
責任の原則　28
セキュリティ教育　115
セキュリティコスト　81
セキュリティ対策　70, 79, 144
操作マニュアル　99
操作ミス　17, 20
総務部門　136

241

# 索引

ソーシャルエンジニアリング 134
損害賠償 204, 206, 215

■た 行■

第三者への提供 22
代理店 21
　――契約 207
　――の従業員 207
立入検査 117
　――権 154
建物管理 136
直接収集 102
地理情報システム 8
通信管理 138
提供 34, 53, 199
　――先 152
　――範囲の制限 110
訂正 36
訂正・削除 138
　――権 57, 213
データ内容の原則 27
データベース管理 138
適正管理 180
適正保管に関するリスク 79
手数料 37
テストデータ 140
電子自治体 5
電子情報管理規程 68
電子政府 5
電子帳票システム 134
電子メール 139, 183, 197
　――アドレス 139
店頭販売 130
電話帳 192
問合せ窓口 188, 213
同意 52, 107, 109, 113, 139, 145, 148, 190

統制自己評価 155, 211
同窓会名簿 192
盗難 131
特定商取引に関する法律 198
特定電子メールの送信の適正化等に関する法律 198
特定の機微な個人情報 51, 102, 194
取扱者の監督 34
取引先管理 133
取引先情報 182

■な 行■

内部監査士 212
内部監査部門 86, 209, 211
ナレッジマネジメント 7
日本情報処理開発協会 169
入社時教育 161
認定個人情報保護団体 38
ネット銀行 191
ネット証券 191
ネット通販 186, 191
ネットビジネス 186
　――部門 137

■は 行■

パート 135
バイオメトリックス 208
廃棄 23, 158, 213
　――処理 141
　――プロセス 214
破壊 114, 155, 157
派遣社員 135
パスワード 131
　――管理 137
ハッカー 18
発見対策 144
発信者情報通知サービス 189

242

## 索引

――の利用における発信者個人情報の保護に関するガイドライン　189
罰則規程　184
秘密保持　55，115
　――契約　140
評価情報　4，127，199
ファイアウォール　137，148，155，185
不正アクセス　18，21，147，155，206
　――対策　188
不正な方法・手段　150
物理的対策　70，144
物流部門　132
付与機関　165
付与認定事業者　169
プライバシー志向経営　43
プライバシー担当役員　121
プライバシーポリシー　55，66，72，96，104，137，160，183，186
プライバシーマーク　116，171，214，217
プライバシーマーク制度　26，164
　――委員会　170
　――設置及び運営要領　164，169
　――における監査ガイドライン　174
プライバシーリスク　66，71，144
　――・マネジメント　66
　――・マネジメントシステム　162
　――の分析・評価　74，78
プログラムミス　17
紛失　114，131，147
報告義務　205
法人顧客　188
法的リスク　42
訪問販売　130
ホームページ　104，107，146，190，196
保有個人データ　58
本人関連情報　4
本人情報　4

■ま　行■

マーク使用料　167
マニュアル　69
　――処理　49，98
マネジメントサイクル　88
ミスプリント　141
民間部門における電子計算機の処理に係る個人情報の保護に関するガイドライン　26
名簿業者　19，106
迷惑メール　198
メインフレームシステム　8
メールサーバ　142，183
目隠しシール　140
目的外の利用　17，201
目的明確化の原則　27
モニタリング　44，82，158
モバイルコンピュータ　154
モバイル端末　198

■や　行■

預託　197
予防対策　144

■ら　行■

リサイクル業者　141
リスクテイク　82，144
リスクの大きさ　78
リスクの受容　82，144
リプレイス　215
利用　52
利用・提供　151

243

## 索引

　　──に関するリスク　78
　　──の拒否権　57, 213
利用制限の原則　28
利用停止　36, 119
利用目的　33, 91, 103

履歴書　135
倫理意識　71, 150
漏えい　114, 115, 147, 155, 157
労働問題　184
論理的対策　70, 144

著者紹介

島田裕次（しまだ ゆうじ）
1956年生まれ．1979年，早稲田大学政治経済学部卒業．
現在，東京ガス㈱監査部主席（業務監査，情報システム監査を担当）．1999年から日本大学商学部非常勤講師（コンピュータ会計）を兼務．情報処理技術者試験委員，日本セキュリティ・マネジメント学会理事．米国公認情報システム監査人（CISA），経済産業省システム監査技術者，公認内部監査人（CIA）．
著書　『セキュリティハンドブックⅠ～Ⅲ』（編著），『ネットビジネスのセキュリティ』（共著），『ISMS認証基準と適合性評価の解説』（共著），『情報セキュリティ監査制度の解説と実務対応』．以上，日科技連出版社．

---

## 個人情報保護法への企業の実務対応
### モデル規程によるマネジメントシステムの構築と運用のポイント

2003年11月24日　第1刷発行
2005年5月10日　第6刷発行

著　者　島　田　裕　次
発行人　谷　口　弘　芳
発行所　株式会社日科技連出版社
〒151-0051　東京都渋谷区千駄ケ谷5-4-2
電　話　出版 03-5379-1244
　　　　営業 03-5379-1238～9
振替口座　東　京　00170-1-7309
印刷・製本　三　秀　舎

検印省略

Printed in Japan
©Yuji Shimada 2003
ISBN4-8171-6301-1
URL　http://www.juse-p.co.jp/

◆━━━━━◆ 情報セキュリティ関連書 ◆━━━━━◆

■ネットビジネスのセキュリティ－セキュリティポリシーの上手な作り方－
　島田裕次，榎木千昭，満塩尚史［共著］　ISBN 4-8171-6077-2
　　本書は，情報セキュリティポリシーの策定方法を解説した書である．単に解説するにとどまらず，BS 7799にもとづいた情報セキュリティポリシーのモデルを提案している．
　　本書を読めば，情報セキュリティポリシーとはどのようなものか？　策定にあたって何をしなければならないのか？　といった問題を解決できる．また，本書で提案するセキュリティポリシーのモデルを活用すれば，短期間で策定することも可能である．

●本書に掲載されているセキュリティポリシー
　情報セキュリティ基本方針書（セキュリティポリシー）／情報セキュリティ規程／ネットビジネス管理規程／電子情報管理規程／顧客情報管理規程／機器・設備管理規程／社内ネットワーク管理規程／外部ネットワーク利用規程／業務継続規程／外部委託管理規程

■知っておきたい電子署名・認証のしくみ－電子署名法でビジネスが変わる－
　KPMGビジネスアシュアランス㈱，飯田耕一郎，JQA電子署名・認証調査センター
　［共著］　ISBN 4-8171-6084-5
　　本書は，電子署名・認証が，IT社会に潜む4つの脅威（情報漏洩・盗聴，改ざん，なりすまし，否認）に対してどのように役立つかを解説し，「電子署名法」によって，法的にどのような効果が期待できるかを解説した書である．また，電子署名法で定められた「特定認証業務」について，認定機関であるJQA電子署名・認証調査センターが解説する．さらに，電子署名・認証の仕組みやそのインフラとなるPKI（公開鍵暗号基盤）についてもふれられている．
　　本書は，電子署名がビジネス上，どのように役立つのか？　技術的な背景はどのようになっているのか？　電子署名法にはどのような法的効果があるのか？　という疑問に答える．

〈セキュリティハンドブック全三巻〉

■セキュリティハンドブックⅠ－情報化とリスクマネジメント－
　　ISBN 4-8171-6059-4
■セキュリティハンドブックⅡ－情報セキュリティとシステム監査－
　　ISBN 4-8171-6060-8
■セキュリティハンドブックⅢ－情報資産の保護と情報倫理－
　　ISBN 4-8171-6061-6
　日本セキュリティ・マネジメント学会［編］
　　本書は，日本セキュリティ・マネジメント学会が，セキュリティ問題についてまとめた書である．執筆者は，いずれもその道のプロフェッショナルである．
　　本書は，セキュリティに関わることを全般に取り上げており，セキュリティマネジメントの全体像を把握するのに役立つ．したがって，セキュリティ問題に取り組む際に本書を参照すれば，部分最適ではなく，全体最適となるようにセキュリティ問題に取り組むことができる．

●最新の価格や在庫等のお問合せは，弊社営業部（電話03-5379-1239）までお願いします．
●弊社では，最新の出版情報をホームページ（http://www.juse-p.co.jp）に掲載しております．また，電子メールによる新刊案内サービスも行っております．詳細は，弊社営業部までお問い合わせください．